U0090440

中國學術思想研究輯刊

二三編

林慶彰 主編

第15冊

藥病爲喻的精神史——以錢謙益爲中心的考察

陳孟君 著

花木蘭文化出版社

國家圖書館出版品預行編目資料

藥病為喻的精神史——以錢謙益為中心的考察／陳孟君 著 -- 初版 -- 新北市：花木蘭文化出版社，2016〔民105〕

目 2+140 面；19×26 公分

（中國學術思想研究輯刊 二三編；第15冊）

ISBN 978-986-404-566-2（精裝）

1.（清）錢謙益 2. 學術思想 3. 清代哲學

030.8 105002151

中國學術思想研究輯刊

二三編 第十五冊 ISBN：978-986-404-566-2

藥病爲喻的精神史

——以錢謙益爲中心的考察

作　　者　陳孟君

主　　編　林慶彰

總 編 輯　杜潔祥

副總編輯　楊嘉樂

編　　輯　許郁翎

出　　版　花木蘭文化出版社

社　　長　高小娟

聯絡地址　235 新北市中和區中安街七二號十三樓

電話：02-2923-1455／傳眞：02-2923-1452

網　　址　http://www.huamulan.tw 信箱 hml 810518@gmail.com

印　　刷　普羅文化出版廣告事業

封面設計　劉開工作室

初　　版　2016 年 3 月

全書字數　133465 字

定　　價　二三編 24 冊（精裝）新台幣 46,000 元

藥病爲喻的精神史

——以錢謙益爲中心的考察

陳孟君　著

作者簡介

陳孟君，1976 年 10 月 19 日生，台灣台中市人，中央大學中國文學博士，復旦高中教師。就讀博士班時期在大學擔任兼任講師工作，曾任職於中央大學、暨南大學、銘傳大學等。也曾在逢甲大學華語文中心擔任華語教師。博士班五年級時，發現教學和學術之間，比較喜愛教學，因此，我決定將碩士時期未修畢的教育學程修畢，並投入中等教育。我喜歡旅行，也喜歡說故事給學生聽，成為一位中學老師對我而言真的是一件很幸福的事。

提　要

本論文以「藥」、「病」之喻為問題意識，解釋從王陽明以降至明末清初集學問之大成者——錢謙益之間的「藥」、「病」之喻的傳承與新變，盼能提供一些新觀點來詮釋明清之際的學術議題。泰州學派、禪宗常為東林學派眼中疾病叢生之社會亂源，然東林學派、泰州學派都常以藥、病為喻，展露其醫國之志，其中的藥、病之喻涉及權力的建構與解構，東林學派與泰州學派精神中的暗合之處，亦為筆者欲討論的問題。

傳統儒、釋、道三家皆有以藥、病為喻，闡述論點之淵源，明中葉以後三教間既融合又競爭，學者如何以藥、病為喻，詮釋自家學說觀點，亦為筆者研究的重點。

錢謙益在詩作、文學理論、雜著中常以藥病為喻闡釋學問，其範圍包含：理學、政治、經典、文學、佛學、史學等領域，錢謙益欲震聾發聵的積極經世願望，從其「醫國手」之喻可見出。

誌　謝

首先，感謝指導教授康來新老師很有耐心地陪伴我完成博論，近年來康老師爲了督促我完成論文，於 2013 年春季、夏季分別邀請蕭敏材博士、徐一智博士及楊玉成教授至研究方法課堂上來講評我的論文，讓我看清自己在寫作論文方面的盲點。感謝賴芳伶老師、楊玉成老師自論文預審至博論口試時，給予我許多提點與鼓勵，感謝論文口試委員王力堅老師、曹淑娟老師給予我許多寶貴的意見。

2005 年進入中大博班迄今已九年，博論議題雖早有雛型，卻因資質駑鈍，延宕至今才完成，使我深感慚愧。曾於清華大學中文系 2005 年研究生論文發表會發表〈錢謙益文學與佛學中的藥病隱喻〉一文，2006 年於政治大學中文系研究生論文發表會發表〈湯顯祖《牡丹亭》中的病與醫〉一文，2007 年於中央大學中文系學生論文發表會發表〈《列朝詩集》〈香奩〉集之編選視界〉一文，2008 年至香港中文大學參加第三屆兩岸三地人文社會科學論壇並發表〈明清之際醫病隱喻的傳承與新變——從王陽明到方以智〉一文，感謝曾針對我論文給予意見的學者專家、朋友們。

2009 年時因生涯規劃的因素，我決定將碩士時期未修畢的教育學程修畢，並於 2012 年至 2014 年至位於廣東的東莞台商子弟學校任教，這是一所意義非凡、獲得兩岸政府承認的學校，在這所學校我成長了許多。利用課餘時間，我完成了博士論文，也遊歷了名山大川，感謝台校給我的一切。博班畢業之際，我已回到台灣的復旦高中任教，我內心深處對台灣有很深的眷戀與期待，相信到復旦任教會是一個美好的起點。

我要衷心地感謝家人的支持、感謝潭子的壹豆咖啡店、感謝印度及台灣八蚌智慧林的師友們，謝謝、感恩。

目　次

第一章　前　言

一、研究動機、目的

筆者撰寫碩士論文時曾探討李卓吾（1527～1602）《四書評》的解經方式，發現《四書評》常以「藥喻」來詮釋文本，認爲聖人透過文字度化人，能掃除世間病痛。〔註 1〕《四書評》中屢以「藥」與「病」爲評點用筆，如言：「此都經驗良方，有病者修方調治，無不癒也。」〔註 2〕「病」即「缺失」，有缺失需調治，正如有病需療癒。由李卓吾作爲出發點，筆者發現在李卓吾所屬的泰州學派中以「藥」、「病」爲喻闡述學說者不乏其人，因此而溯其源、追其變，發現在明亡之際，「藥」、「病」之喻的出現極爲頻繁，其因似與士人面對巨變、困境有關，遂有探討明清之際「藥」、「病」之喻的傳承與新變的想法。因此以「藥」、「病」爲問題意識，解釋從泰州學派到明末清初集學問之大成者——錢謙益的「藥」、「病」之喻，盼能提供一些新觀點來詮釋明清之際的學術議題。

在李卓吾《四書評》的語境中，「有病者」指凡俗的眾人，他說：「三綱領處，鴛鴦畫出；八條目處，金針度人也。世間種種學問無不包括，後來種種病痛無不掃除，眞聖人之文也。」〔註 3〕顯然李卓吾將明明德、親民、止於

〔註 1〕陳孟君：《李卓吾《四書評》與晚明新四書學》（南投：國立暨南國際大學中國語文學系碩士論文，2004 年），〈《四書評》中的藥與毒〉，頁 67～72。

〔註 2〕李贄：《李贄文集》（北京：社會科學文獻出版社，2000 年），《李贄文集》，第五卷，《四書評》，頁 138。

〔註 3〕李贄：《李贄文集》，第五卷，《四書評》，頁 1。

至善，及格物、致知、誠意、正心、修身、齊家、治國、平天下的內聖外王之學視爲醫治眾人的藥方，而醫王則是聖人。李卓吾著名的〈童心說〉即曾指出《六經》、《論語》、《孟子》不過是史官、臣子過度贊美之語，甚至只是「迂闊門徒，懵懂弟子，記憶師說，有頭無尾」的筆記，聖人的本意本是藉言語傳達本心之第一義諦，「不過因病發藥，隨時處方，以救此一等懵懂弟子，迂闊門徒云耳。藥醫假病，方難定執，是豈可遽以爲萬世之至論乎？」〔註4〕凡夫不能「因病發藥」視眾生需要而予以教導，孔子則是能因病發藥者。李卓吾反對部分學者執著義理反成理障、法執，有分別心，自己尚不能解脫，卻擔任化育眾生之大任，類似佛法中所說的「病導師」，所謂「病導師」意即：「眾生之煩惱猶如病縛，若由凡夫俗子化導之，則不僅未能使病得癒，反增病情；故稱凡師之化導爲病導師。」〔註5〕《四書評》直將《四書》視爲一部治療眾生病的典籍，能「因病給藥」的仁者方具備教育他人的能力。《四書評》云：「因病發藥，孔氏家法。□今天下何多七八月間之雨也，大旱，大旱！」〔註6〕《四書評》曾把習氣比喻成「病痛」、把識（覺照）比爲藥，「識得病，便是藥。」〔註7〕自覺就是一種藥，孔子引導弟子自覺、修改習氣，這也近似於佛家的思維模式。李卓吾藉「因病發藥」的孔子形象諷刺不知變通、執一定理的腐儒，能「隨時處方」是更重要的，義理若淪爲「道學之口實，假人之淵藪」時，甚至淪爲功名利祿的敲門磚時，則是毒藥，其中流露出對同時代理學家的批判。

佛法上稱佛陀爲大醫王，《四書評》眉批亦稱孔子爲「良醫」。〔註8〕佛家經典《維摩詰所說經》有相應之說，佛能以慧、以善巧方便救眾生病，「應病

〔註4〕李贄：《李贄文集》，第一卷，《焚書》，〈童心說〉，頁93。

〔註5〕請參慈怡主編：《佛光大辭典》（臺北：佛光文化事業有限公司，1988年），第五冊，頁4191。

〔註6〕引文中的□爲缺字。李贄：《李贄文集》，第五卷，《四書評》，頁147。

〔註7〕卓吾於《論語》「柴也愚，參也魯，師也辟，由也喭」之處眉批：「好喝！」並評爲：「識得病，便是藥。」此處卓吾提出孔門門生需相互參學之處，並有要人自我警醒、覺察之意。請參李贄：《李贄文集》，第五卷，《四書評》，頁61。

〔註8〕佛家常將佛陀比喻爲「醫王」，如：《雜阿含經》載：「彼世間良醫，於生根本對治不如實知，老、病、死、憂、悲、惱、苦根本對治不如實知。如來、應、等正覺爲大醫王，於生根本，知對治，如實知，於老、病、死、憂、悲、惱、苦根本對治如實知，是故如來、應、等正覺名大醫王。」請參《雜阿含經》（《大正新脩大藏經》第二冊），第十五卷，頁389。

與藥，令得服行。」〔註 9〕《維摩詰所說經》的主角——維摩詰居士不執著一切法，當維摩詰居士說法時，天女散花供養，但因羅漢舍利弗心尚有執著，故天女所供養的花粘著於舍利弗身上不墮地，而後又因舍利弗有男女相的分別心，因此問天女：「汝何以不轉女身？」〔註 10〕天女爲破除舍利弗對男、女相的執著，當場把舍利弗變成了女人，把自己化身如舍利弗，「即時天女以神通力，變舍利弗令如天女，天自化身如舍利弗。」〔註 11〕天女的作爲是爲了破除舍利弗的法執，佛法是藥，但若因法藥而有執著是爲法執，法執亦應破除，不執一法又能應病與藥者，方能診治一切眾生。

除了李卓吾喜以「藥」、「病」爲喻進行詮釋閱讀之外，泰州學派後學湯顯祖（1550～1616）〔註 12〕《牡丹亭》把至情當成妙藥，至情不僅能使人死而復生，更能治癒心理的疾病。湯顯祖之師羅汝芳（1515～1588）提出的「赤子之心」與李卓吾提出的「童心說」以及湯顯祖的「至情」觀，在心學上一脈相承，李卓吾與湯顯祖的藥、病隱喻皆對執一定理的腐儒有所嘲諷，湯顯祖更以藥、病隱喻爲「情」發聲。

在思想史上，李卓吾、湯顯祖所屬的泰州學派常以「藥」、「病」爲喻，詮釋學說及觀點，泰州學派傳承了王陽明（1472～1529）的心學，而王陽明曾以「知行合一」爲藥，闡述理學病痛，他曾說：「今人卻就將知行分作兩件去做。以爲必先知了，然後能行。……此不是小病痛，其來已非一日矣。某今說箇知行合一，正是對病的藥。」〔註 13〕陽明弟子王龍溪（1498～1583）闡述致良知，把良知喻爲靈氣，他說：「仁統四端，知亦統四端。良知是人身靈氣。醫家以手足痿痺爲不仁，蓋言靈氣有所不貫也。」〔註 14〕良知即靈氣，靈氣應流貫全身，若不能力行良知，便是靈氣有所不貫，靈氣不貫，便彷彿

〔註 9〕《維摩詰所說經》：「爲大醫王，善療眾病，應病與藥，令得服行。」鳩摩羅什譯：《維摩詰所說經》（《大正新脩大藏經》第十四冊），頁 537a。

〔註 10〕鳩摩羅什譯：《維摩詰所說經》（《大正新脩大藏經》第十四冊），頁 548b。

〔註 11〕鳩摩羅什譯：《維摩詰所說經》（《大正新脩大藏經》第十四冊），頁 548b。

〔註 12〕湯顯祖曾追隨泰州學派羅汝芳（1515～1588）讀書，湯顯祖也曾表示對李卓吾的欣賞並讚賞李卓吾爲畸人，其〈寄石楚陽蘇州〉中說：「有李百泉先生者，見其《焚書》，畸人也。肯爲求其書，寄我駘蕩否？」湯顯祖著：《玉茗堂尺牘》（上海：上海遠東出版社出版發行，1996 年），〈寄石楚陽蘇州〉，頁 36。

〔註 13〕陳榮捷著：《王陽明傳習錄詳註集評》（臺北：台灣學生書局，1988 年），頁 34。

〔註 14〕王畿撰：《王龍溪全集》，卷四，〈東遊會語〉，頁 290。

罹患手足痲木、遲鈍、萎縮之症，行動不能自主。除了「致良知」之外，王龍溪進一步指出一念靈明之說，所謂：「一念靈明，無內外、無方所，戒慎恐懼，亦無內外、無方所。識得本體，原是變動不居，不可以爲典要，雖終日變化云爲，莫非本體之周流，自無此病矣。」〔註 15〕以一念靈明作爲準則、標準而統禦身心，強調戒慎恐懼，根治學者病痛，這是王龍溪所開出的成聖藥方，功夫更爲簡便，可以根治學者病痛、缺失。

王陽明後學泰州學派的創始人王艮（1483～1541），其說簡易標舉「百姓日用即道」，倡「滿街都是聖人」，遭斥爲異端之說，其門下有李卓吾、顏鈞（1504～1596）、羅汝芳等，其中顏鈞曾幫助羅汝芳治癒「心火」，王汎森以顏鈞與羅汝芳的初遇「來說明心學家所扮演的類似心理諮商者的角色，並以它來說明一個有心理疾病的人在心學與程朱、心學與淨明道之間依違徘徊，最後被泰州王門健將顏鈞治癒而成爲泰州學派領導人的過程。」〔註 16〕從學說的隱喻用語到實際作爲治療心理疾病的療方，泰州學派的影響力心不容小覷。

東林學派對泰州學派的末流有「空言之弊」的批判，對泰州學派亦多所針砭，清初學者甚至將亡國罪名歸之於陽明學末流，王學背負了清談亡國的罪名，如顧炎武說：「以明心見性之空言，代修己治人之實學。股肱惰而萬事荒，爪牙亡而四國亂，神州蕩覆，宗社丘墟。」〔註 17〕所謂「明心見性」之空言指的正是王學，王陽明良知說空言誤國，王學及其末流背負了歷史的重罪。然東林黨學說與泰州學派卻有若干暗合之處，明末身爲東林黨黨魁的錢謙益（1582～1664）對泰州學派並非抱持著全然否定的態度，錢謙益認爲王陽明是「救病之急劑」，錢謙益對其「號呼惕厲」有著寄望。泰州學派「狂子、僇民」的產生，亦爲不得已之必要，顏山農、何心隱、李卓吾等人雖爲狂者，仍有可取之處。從必要的狂到足以禍國殃民甚至與禪宗交涉之後衍生的種種弊病，頗值得探討。泰州學派、禪宗常爲東林學派眼中疾病叢生之社會亂源，然東林學派、泰州學派都常以藥、病爲喻，展露其醫國之志，其中的藥、病之喻涉及權力的建構與解構，兩者精神中的暗合之處，都是筆者所欲討論的

〔註 15〕王畿撰：《王龍溪全集》，卷一，〈沖元會紀〉，頁 96。

〔註 16〕王汎森：《晚明清初思想十論》（上海：復旦大學出版社，2008 年），〈明代心學家的社會角色〉，頁 2。

〔註 17〕請參〔清〕顧炎武著，黃汝成集釋：《日知錄集釋》（上海：上海古籍出版社，2006 年），上冊，卷 7，〈夫子之言性與天道〉，頁 402。

問題。在精神史層面，明清之際有許多面向是承繼的，明亡促使士大夫對亡國做出反省，空談誤國固然是士大夫反省的面向之一，但把王學末流視爲亡國的代罪羔羊亦不公允，對王學末流批評不遺餘力的顧憲成、高攀龍，其學術淵源仍不脫王學，何俊指出：

> 東林領袖顧憲成的學術淵源在王學，這是不必爭論的，但他不囿于王學，並能洞察到王學的弊端，進而超越王學，也是一個明顯的事實。顧憲成的超越王學，在形式上，表現爲復興朱熹思想，但因他思想是直面于現實的產物，故斷不宜以爲只是簡單地返歸考亭而已。繼承顧憲成事業的學生高攀龍，以及那許多歸於旗下的同志，學術思想上的門徑均宜作如是觀。〔註 18〕

明中葉之後，社會有很多變遷，筆者無法一一探究，王汎森對此曾有簡要的概述：

> 南宋以下之思想，基本上走的是內在超越之路。從明代中葉正德、嘉靖以後，社會、文化、思想一時俱變。在社會方面，商業活動與城市文化的發達，社會身份的分別日漸模糊，習俗世界產生了重大的變化，它的新樣貌及滲透力對內在超越之路產生衝擊，對價值觀念、道德的標準、人性論的最根本成分等產生了深刻的改變。〔註 19〕

明中葉以後，社會、文化、思想皆有巨大的轉變，商業發展衝擊了傳統的價值觀，因此明亡之後，士大夫將亡國之罪歸於王學末流，即便清初士大夫對明末學界有深刻的反省甚至是批判，卻在許多層面上繼承了明代文化精神。筆者透過「藥」、「病」隱喻進行話語分析，討論士大夫對道德、情、理、社會……等議題的關心，本書「精神史」指稱包含宗教、思想、文學等跨領域的廣泛現象，〔註 20〕期能深入瞭解明中葉以至明亡前後文化變遷的一個重要面向。

〔註 18〕何俊：《西學與晚明思想的裂變》（上海：上海人民出版社，1998 年），頁 48。

〔註 19〕王汎森：《晚明清初思想十論》，〈序〉，頁 2。

〔註 20〕本論文以「精神史」爲題目，主因在於筆者所探討的面向著重於「學問」和「宗教」、「文學」等方面，故借鏡吉川忠夫《六朝精神史研究》的命名，作爲切入中晚明至清初這段歷史研究的名稱。《六朝精神史研究》在「六朝式精神的諸相」一節討論「容納佛教」、「隱逸思想」、「山水思想」、「自然思想」等問題，還有各章篇題多出現「學問」和「宗教」等詞語。〔日〕吉川忠夫著，王啓發譯：〈譯者的話〉，《六朝精神史研究》（南京：江蘇人民出版社，2011 年），頁 2。

二、文獻回顧、章節安排、研究範圍

筆者研究主軸是以錢謙益爲中心，向上溯源至陽明心學，向下延展至明亡之際。錢謙益，字受之，號牧齋，晚年亦自稱東澗遺老，所謂的「遺老」正反應出錢謙益身處明亡時期之心境轉折。在錢謙益的仕宦生涯中，他秉持著儒家的經世思想積極入世，不諱言自己愛作官，其〈飲酒〉中之第五章坦承、自知地道出：「耆酒與貪官，皆可令人死。我本愛官人，侍郎不爲庳。」〔註 21〕錢謙益門生瞿式耜（稼軒，1590～1650）崇禎二年（1629）罷官，牧齋作七言長歌送行，云：「聖世辨奸難曲筆，清時養晦忍抽簪。車回峻阪何須九，肱折良醫不憚三。」〔註 22〕詩中的「肱折良醫不憚三」表明的是政治上的企圖心，可見錢謙益自許爲良醫，在多次貶官的過程中期許自己能夠終身隱居、著述，但終究無法放棄經世的機會而決心歸隱。

在前人研究方面，陳寅恪的《柳如是別傳》一書對錢謙益降清一事重新審視並給予同情的瞭解，使得研究錢謙益降清及政治生涯等著作大量出現，佛學研究、〔註 23〕詩歌等研究皆有相關的探討與研究，《中國文哲研究通訊》曾出版《錢謙益文學研究專輯》，〔註 24〕嚴志雄、鄧怡菁編：〈錢謙益文學研究要目〉，〔註 25〕能提供筆者研究的方向，錢謙益閱讀觀點中的疾病論述是存在著的，學界或多或少有相關的討論，如：趙園於《明清之際士大夫研究》一書中曾指出錢謙益有著對時代病的察知和救世的願望，趙園說：「無論開的是何種藥方，錢謙益是明明白白提到了「救世」的。他所欲救的，也正是王夫之顧炎武們認爲病勢深重的人性、人心。」〔註 26〕其《明清之際士大夫研

〔註 21〕錢謙益：〈飲酒七首，其五〉，收入錢謙益著，錢曾箋注，錢仲聯標校：《錢牧齋全集》（上海：上海古籍出版社，1985 年），冊 1，牧齋初學集，卷 7，頁 207。

〔註 22〕錢謙益：〈送瞿稼軒給事南還三疊前韻〉，收入錢謙益著，錢曾箋注，錢仲聯標校：《錢牧齋全集》，冊 1，牧齋初學集，卷 7，頁 209。

〔註 23〕連瑞枝對錢謙益的佛學研究有深入且全面的探討，請參連瑞枝：《錢謙益與明末清初的佛教》（新竹：清華大學歷史研究所碩士論文，1993 年）。連瑞枝：〈錢謙益的佛教生涯與理念〉，《中華佛學學報》，1994 年，第 7 期，頁 315～371。

〔註 24〕中國文哲研究通訊編輯委員會：《中國文哲研究通訊》，第 14 卷第 2 期（臺北：中央研究院中國文哲研究所，2004 年 6 月）。

〔註 25〕嚴志雄、鄧怡菁編：〈錢謙益文學研究要目〉，刊於《中國文哲研究通訊》，第 14 卷第 2 期，頁 121～133。其內容包括：錢謙益文學研究的專書、期刊及專書論文、中文期刊及專書論文、西文期刊、日文期刊及專書論文、博、碩士論文、西洋學位論文等。

〔註 26〕趙園：《明清之際士大夫研究》（北京：北京大學出版社，1999 年），上編，〈明清之際士人話題研究〉，頁 4。

究續編》中亦指出：錢謙益是以「醫國手」自居的，趙園說：「其本人（錢謙益）即以『醫國手』自居無疑。」〔註27〕然學界並未以此議題充分展開討論，因此筆者試圖以此爲切入點，探究錢謙益的藥病論述。

錢謙益在詩文中多次提到「上醫醫國」，他說：「上醫醫國，其次疾人。……，濟世於疴瘵之時，自命以岐、摯之業。學究原來，能通三世之書。」〔註28〕〈馬生醫旨序說〉：「吾聞之，古之醫者，論病以及國，原診以知政。故曰，上醫醫國，其次病人。」〔註29〕「上醫醫國」存在著爲政治國的隱喻，錢謙益多次勸勉友人「上醫醫國，其次病人」，錢謙益將國家視爲身體，失序的身體猶如積弱不振的國家，除了自期之外，錢謙益亦勉勵友人以「醫國」自期。錢謙益於明清之際有重整儒學、佛學、道家之學之企圖心，曾言想焚毀世上一切剽竊、遊談無根、缺乏內涵的書，其〈讀武闇齋印心七錄記事〉說：

> 妄思設三大火聚，以待世間之書。一曰：炎祖龍之火，以待儒書。凡儒林道學，剽賊無根者，投畀於是。一曰：然須彌之火，以待釋典。凡文句語錄，駢贅無根者，投畀於是。一曰扇丁甲之火，以待玄文。凡經方符籙，誕謾無稽者，投畀於是。〔註30〕

明亡後十四年，戊戌年（1658）錢謙益讀張聯武闇齋先生之書遂有此感慨，張聯爲曹安邑弟子，張藐山、黃石齋之友，錢謙益認爲張聯之書能得三教精髓，將張聯比爲善財童子，能多方學習並得其精髓。從文中可以窺見錢謙益眼中所見的世界是失序的，錢謙益認爲最好的方式是先破一切法再立一切法，呈現總結一切再開啓一切的決心，想矯正當時學術氛圍的「偏勝」與「霸

〔註27〕趙園：《制度．言論．心態——〈明清之際士大夫研究〉續編》（北京：北京大學出版社，2006年），上編，〈明清之際文化現象研究〉，頁82。錢謙曾言：「今之逆奴，不獨異於漢、唐，亦與蒙古異。惟宋之於金人，其局勢略相似。良醫之治病，必視其病症何如，按古方以療新病，雖有危證，惡疾可得而除也。」錢謙益：〈嚮言下〉，收入錢謙益著，錢曾箋注，錢仲聯標校：《錢牧齋全集》，冊2，牧齋初學集，卷24，頁780。

〔註28〕錢謙益：〈父司書醫官贈文林郎大理寺右寺右寺副加贈奉直大夫户部江西清吏司員外郎〉，收入錢謙益著，錢曾箋注，錢仲聯標校：《錢牧齋全集》，冊3，牧齋初學集，卷95，頁1986。

〔註29〕錢謙益：〈馬生醫旨序〉，收入錢謙益著，錢曾箋注，錢仲聯標校：《錢牧齋全集》，冊8，牧齋雜著，牧齋外集卷第三，序一，頁644。

〔註30〕錢謙益：〈讀武闇齋印心七錄記事〉，收入錢謙益著，錢曾箋注，錢仲聯標校：《錢牧齋全集》，冊6，牧齋有學集，卷50，頁1631。

氣」。郭紹虞指出：「明代的文學批評，由於偏重純藝術論，所以常帶一股潑辣辣的霸氣，用來劫持整個的詩壇。」〔註 31〕錢謙益所痛恨的正是一種盛氣淩人、抹煞一切、劫持詩壇的偏勝主張，常以「病」爲喻說明文壇異象。錢謙益感受到的世界充斥病態，急需接受診治，因此在思想、文學、宗教中常以「醫」、「病」爲隱喻，指涉社會亂象，自詡爲醫王，企圖挽救當時社會的積弊，本文所欲討論的範圍包含其思想及文學方面。

論文的第二章擬探討自王陽明、王龍溪、泰州學派及錢謙益的醫病隱喻，在儒學方面，錢謙益爲東林黨要人。東林黨爲萬曆三十二年（1604）由顧憲成、高攀龍所創，他們修復無錫東林書院並於此講學、組織東林黨。錢謙益十五歲即拜顧憲成爲師，東林黨思想以程、朱爲圭臬，反對儒佛會通，對陽明後學多所針砭，〔註 32〕而錢謙益對王陽明、羅近溪、〔註 33〕李卓吾、袁宏道等人採正面評價。從中可以見出錢謙益雖是東林黨中人，卻能有不囿於前人的獨到見解。

在會通儒佛方面錢謙益說：「自有宋之儒者高樹壇宇，擊排佛學，而李屏山之徒力相撐柱，耶律湛然張大其說，以謂可箴江左書生膏肓之病，而中原學士大夫有斯疾者，亦可以發藥。」〔註 34〕李屏山（1185～1231）、耶律湛然（1630～1696）於遼金時期皆主張三教合一，引佛入儒被視爲治儒學膏肓的良藥，錢謙益贊同儒佛會通，對陽明、近溪之推崇亦與會通三教有關，針對思想史方面，筆者要討論錢謙益與東林黨、陽明學派後學的交遊情形，並討論其「藥」、「病」隱喻之繼承、轉變關係。

〔註 31〕郭紹虞：〈錢謙益與艾南英〉，收入郭紹虞：《中國文學批評史》（台北：五南圖書出版股份有限公司，1994 年），頁 424。

〔註 32〕如東林學派的東林八君子之首顧憲成說：「李卓吾講心學於白下，全以當下自然指導後學，說人都是現現成成的聖人，才學，便多了。聞有忠節孝義之人，卻云都是做出來的，本體原無此忠節孝義。學人喜其便利，趨之若狂，不知誤了多少人。」顧憲成：《當下釋》，收入：《四庫全書存目叢書》（台南：莊嚴文化事業有限公司，1995 年），《顧端文公遺書三十七卷附年譜四卷》，子部，第十四冊，頁 435。

〔註 33〕錢謙益讚賞王陽明、羅近溪認爲他們的論著深入儒家精髓，錢謙益說：「至於陽明、近溪，曠世而作，剖性命之微言，發儒先之祕密，如泉之湧地，如風之襲物，開遮縱奪，無施不可。」錢謙益：〈陽明近溪語要序〉，收入錢謙益著，錢曾箋注，錢仲聯標校：《錢牧齋全集》，第 2 冊，牧齋初學集，卷 28，頁 863。

〔註 34〕錢謙益：〈陽明近溪語要序〉，收入錢謙益著，錢曾箋注，錢仲聯標校：《錢牧齋全集》，第 2 冊，牧齋初學集，卷 28，頁 862。

本章亦討論明清之際佛學之藥病隱喻，錢謙益著作中常以病與藥的隱喻加以闡述，應受佛學影響，不論在詩壇、宗教界、學術界，自期能成爲「醫國手」，錢謙益自小浸淫佛門中，與佛教界往來頻繁，〔註 35〕其與明末四大師之交往今人連瑞枝已有深入討論，〔註 36〕筆者則著眼錢謙益與明末佛教藥病隱喻的關係，錢謙益曾說：

> 萬曆年中，諸方有三大和尚，各樹法幢：紫柏以宗，雲棲以律，憨山以教。三家門庭稍別，而指歸未嘗不一。譬之近世名醫，其亦猶東垣、河間、丹溪之診治，不執一方，而能隨方療病者歟？三老既沒，魔外熉興。上堂下座，戲比俳優。瞎棒盲拳，病同狂易。聾瞽相尋，愈趨愈下。師巫邪說，施符呪衆，亦皆藉口參禪，誑惑愚昧。邪師惡道，下地獄如箭射。良可悲也！良可懼也！〔註 37〕

佛門亂象在紫柏、雲棲、憨山等大師相既辭世之後產生，聾、盲、狂、邪等病症不一而足。錢謙益對佛門弊病亦提出種種藥方，值得探究並深思。

論文的第三章追溯明代的文學氛圍，明代文學各個流派欲自立學說時，常以「病」爲喻勘破舊說之漏，以「藥」爲喻建立學說的正當性，從前後七子的復古派到代表創新的公安派、竟陵派等無不如此。其中錢謙益對明代文學史有總結性的評論及指標性的作用，他以類似「病毒」的觀點詮釋明代文學史，〈答唐訓導汝諤論文書〉說：

> 弘、正以後之繆學，如僞玉贗鼎，非博古識眞者，未有不襲而寶之者也。繆學之行，惑世而亂眞，使夫人窮老盡氣，至死而不知悔，其爲禍尤慘於俗學。……嗟夫！古學一變而爲俗，俗學再變而爲繆。繆之變也，不可勝窮。五方之音，變而爲鳥語，五父之逵，變而爲鼠穴。譬諸病症，愈變愈新。自良醫視之，其所繇傳染，要不離於本病而已。誰生厲階？至今爲梗。豈能不追歎於獻吉哉！〔註 38〕

〔註 35〕錢謙益自幼受家學影響即學佛，《年譜》載：「余十五六，奉持準提咒，六十餘年不輟。」請參葛萬里編：《清錢牧齋先生謙益年譜》（臺北：台灣商務印書館股份有限公司，1981 年），頁 1。

〔註 36〕請參連瑞枝：《錢謙益與明末清初的佛教》（新竹：清華大學歷史研究所碩士論文，1993 年）。連瑞枝：〈錢謙益的佛教生涯與理念〉，《中華佛學學報》，1994 年，第 7 期，頁 315～371。

〔註 37〕錢謙益：〈天臺山天封寺修造募緣疏〉，收入錢謙益著，錢曾箋注，錢仲聯標校：《錢牧齋全集》，冊 3，牧齋初學集，卷 81，頁 1724。

〔註 38〕錢謙益：〈答唐訓導汝諤論文書〉，收入錢謙益著，錢曾箋注，錢仲聯標校：《錢牧齋全集》，冊 6，牧齋初學集，卷 79，頁 1702。

復古主義被看作病毒的根源，某種善於僞裝更加危險的疾病，此後則是新型病毒不斷產生的過程，「譬諸病症，愈變愈新」。錢謙益指出前後七子患有狂病，李夢陽（獻吉）、何景明（仲默）、李攀龍（於鱗）的狂在於驕傲、「狂易」，錢謙益說：

> 要而言之，昔學之病病於狂，今學之病病於瞥。獻吉之戒不讀唐後書也，仲默之謂文法亡於韓愈也，於鱗之謂唐無五言古詩也，滅裂經術，偭背古學，而橫騖其才力，以爲前無古人。此如病狂之人，強陽僨驕，心易而狂走耳。〔註 39〕

「狂易」有所謂的精神失常、〔註 40〕疏狂輕率、荒誕……等解釋。錢謙益對前後七子「不讀唐後書」、謂「文法亡於韓愈」及「唐無五言古詩」等說法提出批判，此等「滅裂經術」之行爲，可視爲疏狂輕率、荒誕的表現，而此等病狂之人「強陽僨驕，心易而狂走耳」，又與精神失常相類似。經學中亦有「狂易」之病，錢謙益撰〈李貫之先生存餘稿序〉云：

> 世降道衰，教學偏背，煩蕪之章句，熟爛之時文，剽賊傭賃之俗學，耳食目論，浸淫熏習，而先民辨志敬業之遺法，不可以複考矣。迨其末也，世益下，學益駁，謏聞曲見，橫騖側出，聾瞽狂易，人自爲師。世所號爲魁士碩儒，敢於嗤點謨誥，鐫夷經傳大書濃抹，以典訓爲劇戲。馴至於黃頭邪師、彌戾魔屬，充塞抗行，交相梟亂，而斯世遂有陸沉板蕩之禍。〔註 41〕

對於經學脫離師承，學者敢於嗤點經傳，造成「聾瞽狂易」之弊，錢謙益頗爲憂心。錢謙益對評點持激烈的批評態度，〈頤志堂記〉說：

> 俗學之敝，莫甚於今日。須溪之點定，卓吾之刪割，使人傭耳剽目，不見古書之大全，三十年於此矣。於今聞人霸儒，敢於執丹鉛之筆，

〔註 39〕錢謙益：〈讀宋玉叔文集提辭〉，收入錢謙益著，錢曾箋注，錢仲聯標校：《錢牧齋全集》，冊 6，牧齋有學集，卷 49，頁 1589。

〔註 40〕《漢書》:「由素有狂易病。」〔漢〕班固撰，〔唐〕顏師古注：〈外戚傳第 67 下〉，收入《漢書》（北京：中華書局，1962 年），冊 12，卷 97 下，頁 4006。《新唐書・裴遵慶傳》:「嘗有族子病狂易，告以謀反，帝識其謬，置不問。」〔宋〕歐陽脩撰：〈裴遵慶〉，收入《新唐書》（北京：中華書局，1975 年），卷 140，列傳第 65，頁 4647。

〔註 41〕錢謙益：〈李貫之先生存餘稿序〉，收入錢謙益著，錢曾箋注，錢仲聯標校：《錢牧齋全集》，冊 5，牧齋有學集，卷 18，頁 784。

詆訶聖賢，擊排經傳，儼然以通經學古自命。學者如中風狂走，靡然而從之。嗟乎！胥天下而不通經不學古，病雖劇，猶可以藥石攻也。胥天下而自命通經學古，如今人之爲，其病爲狂易喪心，和、扁望而卻走矣。〔註 42〕

在他看來，劉辰翁、李卓吾所代表的是一種時代的疾病，「須溪之點定」指劉辰翁的評點，「卓吾之刪割」指李卓吾的編輯，這是一種狂妄自大的病，中風狂走、自命通經學古，以顛覆聖賢爲己任，終導致喪心而無可救藥病。錢謙益二十歲之前對前後七子復古主張有所涉獵，年既稍長，方讀歸有光之文，其後友人湯顯祖推薦接觸古文，因自己對各家文學派別皆有所研究，錢謙益自期能「三折肱而成良醫」，審方診病，振興文氣。

對錢謙益影響甚鉅的湯顯祖其劇作《牡丹亭》中以病與藥的隱喻闡釋對自由意志的嚮往與追求，是筆者論文第三章的重心，《牡丹亭》中治病的場域存在於非現實的時空之中，在《牡丹亭》中，突破客觀現實的夢及人鬼戀恰好能令人解憂治病的，杜麗娘因病而亡，化爲幽靈貼近柳夢梅，男女主角的「生病」經驗促使兩人穿越生死的藩籬體會至情，湯顯祖所謂：「生而不可與死，死而不可復生者，皆非情之至也。」「病」在《牡丹亭》中是重要的引子，透過病，杜麗娘解脫了世俗禮法的糾纏，她化身爲幽靈與柳夢梅相遇；透過病，柳夢梅得以住進梅花觀，病是個絕佳的藥引子。湯顯祖更以藥病爲喻爲自由意志的追求發聲，湯顯祖友人——錢謙益則企圖以藥病爲喻建立一個治療社會病態的經世價值觀。

錢謙益在詩作、文學理論、雜著中，常以病與藥的隱喻闡釋學問，範圍包含理學、政治、經典、文學、佛學等領域，錢謙益認爲歷史本身就是一部病歷、病史，同時也是藥方子，他說：「以興亡治亂爲藥病，史其爲方」。〔註 43〕錢謙益把經典看作醫經，他說：「六經、《語》、《孟》之書，猶醫經之《靈樞》、《本草》也。」〔註 44〕錢謙益把文學視爲具有治療功能的藥石，其〈范勛卿文集序〉說：「旋觀先生之文，原本經術，貫穿古今，鑿鑿乎如五穀之療

〔註 42〕錢謙益：〈頤志堂記〉，收入錢謙益著，錢曾箋注，錢仲聯標校：《錢牧齋全集》，冊 2，牧齋初學集，卷 43，頁 1116。

〔註 43〕錢謙益：〈汲古閣毛氏新刻十七史序〉，收入錢謙益著，錢曾箋注，錢仲聯標校：《錢牧齋全集》，冊 5，牧齋有學集，卷 14，頁 681。

〔註 44〕錢謙益：〈昨非菴日纂三集序〉，收入錢謙益著，錢曾箋注，錢仲聯標校：《錢牧齋全集》，冊 2，牧齋初學集，卷 40，頁 1073。

饑，藥石之治病。」〔註 45〕錢謙益眼中的佛門病象有：盲、聾、喑、啞、狂病、魔病；文學界的病症則是：弱病、狂病、魔病、鬼病、不讀書之病，錢謙益諸多語境中皆以藥病爲喻試著去治療社會病態。明亡之後，錢謙益致力編纂明代詩集——《列朝詩集》，筆者以爲《列朝詩集》記載的貞婦、烈婦的故事，恰能解釋錢謙益身爲明遺民、清初貳臣雙重身份下的憾恨及補救方式，因此本章以描寫《列朝詩集》〈香奩集〉的貞婦、烈婦作爲一個觀察錢謙益的切入點。

錢謙益晚年編輯《列朝詩集》，柳如是亦參與編輯女詩人的詩選，據《列朝詩集》「許妹氏」條載：「承夫子之命，讎校香奩諸什，偶有管窺，輒中槧記……。」〔註 46〕足見《列朝詩集》〈香奩〉集之女詩人詩選是由錢謙益命柳如是編選的把女詩人的詩列入詩選顯示錢、柳對女性創作的關注，《列朝詩集·閏集》的〈香奩〉收有百餘位女詩人的小傳，所錄詩人有名門淑女，也有青樓名妓，本章討論在高文大冊之外，錢謙益、柳如是於明亡之後對女性詩集編纂的編選策略。

論文的第四章擬討論明清之際文學的醫病隱喻，以錢謙益爲討論中心。身爲文壇宗主的錢謙益，明亡之後對明代文學、文化有深刻的反省與批判，順治四年丁亥（1647）抗清義士黃毓祺（1579～1648）被擒，錢謙益因曾資助黃毓祺遂被逮，於戊子（1648）鋃鐺繫獄之空暇始撰《列朝詩集》，己丑之歲（1649）訟繫放還之後，搜羅古文於絳雲樓，將撰《明史》，而門人毛子晉爲刻《列朝詩集》。然庚寅年（1650）絳雲樓失火，惟佛像梵筴，如有神護，能不焚，餘皆爲灰燼，故錢謙益於次年辛卯年（1651）作《楞嚴經疏解蒙鈔》。本章討論明亡後，錢謙益對明代文壇的反省與批判。除此之外，明亡後錢謙益對殉明義士有所追憶，如：王侍禦率妻、子絕食最終自縊殉國的事蹟，錢謙益以其人、其詩爲針藥，期能救國。錢謙益寫於明亡甲申三月的〈萊陽姜氏一門忠孝記〉亦記載姜垓一家的忠烈事蹟，感慨道出忠義之氣盛則國家之元氣日益堅固，惟忠義之士是國家元氣，也是醫國之藥方。另，錢謙益亦記載友人卓去病、繆仲淳以藥爲喻的救國之志。明末閹黨魏忠賢等人對東林黨的迫害極其殘酷，其中李應升（1593～1626）遭閹黨迫害尤巨，李應升指出

〔註 45〕錢謙益：〈范勛卿文集序〉，收入錢謙益著，錢曾箋注，錢仲聯標校：《錢牧齋全集》，冊 5，牧齋有學集，卷 16，頁 747。

〔註 46〕錢謙益：《列朝詩集小傳》，下冊，〈許妹氏〉，頁 814。

明末三病爲：夷狄、盜賊、小人等邪氣，當邪氣生則忠貞之士的元氣削，元氣削而神氣盡，加以庸醫不當投藥，於國終究無益，李應升之語實爲醫國之藥，錢謙益《有學集》記載了李應升「論天下有三患」之語。筆者期以本章的書寫，更加瞭解錢謙益於明亡之後的心境轉折。

論文第五章爲結論及餘論——毒的世界觀，面對所謂「天崩地解」的明亡之際，知識份子未必只有國破家亡的負面看法，他們甚至會試著找出其積極意義，例如：覺浪禪師（1592～1659）認爲明亡爲天地痛下毒手以錘鍊修行人，他說：「不下毒手，則天地不仁，造物無功，而天地之心亦幾乎息矣。」〔註 47〕逆境是鍛鍊心智之契機，本章討論與錢謙益同時代的方以智（1611～1671）之藥病論述佐證明清之際知識份子迫切而積極的經世願望。〔註 48〕

三、研究方法

（一）疾病的隱喻

所謂隱喻（metaphor）是以已知的事物特性去代指另一種事物的特性，「其形式不是比較而是認同。」〔註 49〕蘇珊・桑塔格（Susan Sontag）《疾

〔註 47〕錢謙益：〈贈覺浪和尚序〉，收入錢謙益著，錢曾箋注，錢仲聯標校：《錢牧齋全集》，冊 5，牧齋有學集，卷 22，頁 909。

〔註 48〕覺浪禪師及方以智面對明亡之逆境，提出「託孤」之說，所謂託孤除了莊子爲儒家之孤的意涵外，或有復明之意，謝明陽在〈覺浪道盛《莊子提正》寫作背景考辨〉一文中指出，日本學者荒木見悟說道：「『託孤』一詞雖本自《論語・泰伯》之一節，然於明、清鼎革之際，應該是指繫乎興廢存亡的傳法樣式而言。」荒木見悟著、廖肇亨譯，《明末清初的思想與佛教》，〈覺浪道盛初探〉，頁 261～262。謝明陽博士論文《明遺民的莊子定位論題》頗具開創性地指出：「明朝亡國之後，有志之士以死節報國尚屬容易，難者在於易名變狀以圖國家日後的昌復。若此體會不錯，則『托孤』一詞正是『復明』的隱語。」謝明陽：《明遺民的莊子定位論題》（臺北：國立臺灣大學出版委員會，2001），頁 84。劉浩洋的博士論文《從明清之際的青原學風論方以智晚年思想中的遺民心志》亦云：「覺浪道盛在他的莊學論述中神奇地化用了『趙氏立孤』的典故，以『死節易，立孤難』一語，期許明遺民在『生死』抉擇上保全性命、爲國珍重，又以『易其名，變其狀』一語，鼓勵明遺民在『行跡』取捨上權且逃禪、以圖大計。」劉浩洋：《從明清之際的青原學風論方以智晚年思想中的遺民心志》（臺北：國立政治大學中國文學系博士論文，2004），頁 422～423。關於「託孤說」之源流詳見謝明陽：〈覺浪道盛《莊子提正》寫作背景考辨〉，刊於《清華學報》，新 42 卷第 1 期，頁 135～168。

〔註 49〕M.H.艾布拉姆斯著：《歐美文學術語辭典》（北京：北京大學出版社，1990 年），頁 115。

病的隱喻》指出，當人們對結核病、癌症、愛滋等疾病在尚不明朗、無法治療時，將之冠上神秘的符碼，人們認同的是疾病所帶來的恐懼，甚至基於恐懼與導出「病是懲罰」的觀念。「健康是美德」、「疾病是腐敗」的隱喻因而產生，而桑塔格撰寫《疾病的隱喻》是爲了反隱喻並解除人們對疾病的恐懼與偏見，還原疾病的「自然」面貌，解除對疾病的莫名恐懼和根深偏見。

東西方國家都有疾病的隱喻，中國道家思想亦有相應之說，無論在道德方面抑或有形的軀體追求，莊子（369～286B.C.）寓言告訴我們：有時候完美是一種災難，當完美的儒者講述仁義時，其光芒令惡人惴惴不安，而後引發災難，《莊子》寓言中描述顏回應對衛王所擬定的策略是：

> 然則我內直而外曲，……爲人之所爲者，人亦無疵焉，是之謂與人爲徒。成而上比者，與古爲徒。其言雖教謫之實也，古之有也，非吾有也。若然者，雖直不爲病，是之謂與古爲徒。〔註 50〕

顏回打算以天爲師、以人爲師、以古人爲師去勸諫衛君，孔子認爲仍未脫固執的成見「猶師心者也」。最好的方法是「齋心」，孔子說：「瞻彼闋者，虛室生白，吉祥止止。」〔註 51〕孔子要顏回先齋心，達無念無欲的精神境界，便能感應吉祥的事物，要先去除執著，才能拯救別人。莊子諷刺的是自認完美的儒者，李卓吾對道學家的諷喻亦可能源自道家，李卓吾揭露的是自認完美儒者的罪惡。道家能接受疾病，認爲有時缺陷反而是一種吉祥。莊子說：「故解之以牛之白顙者，與豚之亢鼻者，與人有痔病者，不可以適河。此皆巫祝以知之矣，所以爲不祥也。此乃神人之所以爲大祥也。」〔註 52〕禳災祈福忌諱的白額頭牛、高鼻子豬、患痔瘡者，反能因禍得福。支離疏下巴陷進肚臍、雙肩高於頭頂、髮髻指向天空、五臟的腧穴朝上、大腿同兩脇併聯，支離疏因殘疾而躲過了國家徵兵，亦因殘疾而領受國家救濟。支離疏「以有常疾不受功；上與病者粟，則受三鍾與十束薪。」〔註 53〕《莊子》載：魯哀公問乎顏闔曰：「吾以仲尼爲貞幹，國其有瘳乎？」顏闔曰：「殆哉圾乎仲尼！方且

〔註 50〕王叔岷校注：〈內篇人間世第四〉，《莊子校詮》（臺北：中央研究院歷史語言研究所，1988 年），上冊，頁 126～127。

〔註 51〕王叔岷校注：〈內篇人間世第四〉，《莊子校詮》，上冊，頁 130～134。

〔註 52〕王叔岷校注：〈內篇人間世第四〉，《莊子校詮》，上冊，頁 158。

〔註 53〕王叔岷校注：〈內篇人間世第四〉，《莊子校詮》，上冊，頁 163。

飾羽而畫，從事華辭。……難治也！」〔註 54〕顏闔認爲，讓孔子治國是危險的，繁文縟節及華麗的文藻，會讓人淪爲虛僞。

但是，要人們擺脫隱喻卻似乎不可能，因爲人類的思考建築在隱喻上，健康被視爲有「秩序」，疾病則是「失序」的表現，這樣的隱喻話語亦出現在政治上，蘇珊・桑塔格提到馬基雅弗利將惡視爲疾病，而防微杜漸是重要的，馬基雅弗利以「癆病」爲例說道：

> 在發病之初易於治療，卻難以發現；而如果它既沒有在合適的時候被發現，又沒有依據正確的原理加以治療，那它就會變得易於發現，卻難以治療了。國家大事亦莫不如此，在它們降臨前，惟才智之士早有預見，因而，它們所滋生出的邪惡就能迅速被祛除；但是，若缺乏了這份先見之明，那國家大事就將陷入病禍中，以致惡化到這種地步，即誰都看出了問題，卻再也沒有回天之術。〔註 55〕

在這則隱喻中，透過「癆病」所詮釋的，其實是社會需要被治療的狀態，社會被假定在良好健康中，病（混亂）大體上總是可管理的，在政治話語中的疾病是邪惡的，唯有具備先見之明的治國賢才能診治它，在中國思想史中亦不乏此類論述。

明初劉基（1311～1375）寫作《郁離子》以寓言故事勸諫執政者應屏棄私利，不獨厚自己的所愛的人，應公正重用人才。其〈秦醫〉寫楚令尹因秦醫曾治癒其疾病，便下令楚國百姓有病只能請秦醫治療。而後，楚國發生大瘟疫，凡經秦醫診治的病人皆死去。於是，病人全都到齊國尋醫治病。令尹怒，要把去找齊國醫生的百姓抓起來，劉基道：

> 今秦醫之爲方也，不師古人而以臆，謂岐伯、俞跗爲不足法，謂《素問》、《難經》爲不足究也。故其所用，無非搜洩酷毒之物，鉤吻戟喉之草，葷心暈腦，入口如鋒，胸腸刮割，彌日達夕，肝膽決裂，故病去而身從之，不如死之速也。吾聞之：擇禍莫若輕，人之情也。今令尹不求諸草茅之言，而圖利其所愛，其若天道何？〔註 56〕

〔註 54〕王叔岷校注：〈雜篇列禦寇第三十二〉，《莊子校詮》，下冊，頁 1270。

〔註 55〕蘇珊・桑塔格：《疾病的隱喻》（上海：上海譯文出版社，2003 年），頁 68～69。

〔註 56〕劉基撰，魏建猷、蕭善薌點校：《郁離子》（上海：上海古籍出版社，1981 年），頁 48。

秦醫剛愎自用認爲古代名醫岐伯、俞跗等都不值得效法，《素問》、《難經》等醫書不值得研讀，秦醫的用藥使人肝膽崩裂，不如不治死得較痛快，劉基以此諷諭治國良材之重要。《郁離子》除〈秦醫〉外，〈采藥〉篇則以豢龍先生巧遇山中老父，老父告之一般采藥之人僅能采藥卻不知藥，老父曰：

> 中黃之山有藥焉，龍鱗而鳳葩，玉質而金英，……得而服之，壽考以康，百病不生，嘷嘷熙熙，躋於泰寧，而五百年一遇之。……陰穀有草，狀如黃精，背陽而生，入口口裂，著肉肉潰，名曰鉤吻。雲夢之隰有草，其狀如葵，葉露滴人，流爲瘡痍，刻骨絕筋，名曰斷腸之草。之二草者，但有殺人之能，而無愈疾之功，吾子其愼擇之哉！無求美弗得，而爲形似者所誤。〔註57〕

劉基以藥喻人才，藥物雖形似，卻不可誤用，否則後果不堪設想，〈自瞽自聵〉篇則以耳目的蔽塞形容人不自知的可怕，郁離子曰：「自瞽者樂言己之長，自聵者樂言人之短。」〔註58〕明初方孝孺（1357～1402）寫作〈指喻〉以拇指之病作爲譬喻，小病未能及早治療，終至養癰爲患，難以治癒的地步，方孝孺更以此借喻治國之道必須防患於未然：「余因是思之，天下之事常發於至微，而終爲大患。始以爲不足治，而終至於不可爲。」〔註59〕由此可見，以藥、病爲喻隱喻治國方針其來有自。

（二）儒家思想中的藥喻

儒家方面，孔子（551～479 B.C.）的語境中，「病」是一種未達「仁」的狀態。在《論語》中隱然可以看到「仁」人便能圓滿無病、人格完美，儒家重視「修身」，修身的目的是爲了「齊家」、「治國」、「平天下」，在先秦儒者眼中，國家病了、社會不健康，儒者理應擔負起醫者的角色，《論語》中孔子對於子貢（520～？B.C.）所提問的：倘若能「博施於民而能濟眾」者是否已達仁的境界？孔子告以：「何事於仁！必也聖乎！堯、舜其猶病諸！」〔註60〕堯、舜尚且未能圓滿此一道德境界；〈憲問〉篇中亦有類似的論述，孔子說：

〔註57〕劉基撰，魏建猷、蕭善薌點校：《郁離子》，頁19～20。

〔註58〕劉基撰，魏建猷、蕭善薌點校：《郁離子》，頁28。

〔註59〕方孝孺：〈指喻〉，收入方孝孺著，徐光大校點：《遜志齋集》（浙江：寧波出版社，2000年），卷6，頁185。

〔註60〕〔魏〕何晏注，〔宋〕邢昺疏，李學勤主編：〈雍也第六〉，《十三經注疏．論語注疏》（臺北：臺灣古籍出版有限公司，2001年），上論，頁91。

「脩己以安百姓，堯、舜其猶病諸！」〔註 61〕在《論語》中，「病」有時也是指涉一種心理狀態，孔子說：「君子病無能焉，不病人之不己知也。」〔註 62〕這裡的「病」是動詞，擔心的意思，擔心的原因來自於深刻的自省，通過自省，自覺仍有缺陷未臻圓滿而「病」。《論語》中「病」有缺點、擔心諸義，偏重心理層面的描述。在《論語》中所涉及的「身體觀」尚不明確，今人楊儒賓（1956～）指出：「在孔子及其及門弟子的關懷中，雖涉及到身體的因素，但身體的因素基本上還是隱沒在人格的概念裡面。」〔註 63〕《論語》中隱然可以看到「仁」人便能圓滿無病，病的喻體所指涉的是人格的完美，因此需「修身」，修身的目的是為了「齊家」、「治國」、「平天下」，據黃俊傑〈東亞儒家思想傳統中的四種「身體」：類型與議題〉一文的歸類，這是屬於「作為政治權力展現場域的身體」，黃氏謂：「在這種『身體政治論』中，個人的身體被視為政治機構，身體的部份器官被視為官僚機構之部份而發揮其功能，所以，政治過程就被視為從『私領域』到『公領域』的延伸過程，因此，「修身」之道可以等同於「治國」之理，兩者皆是道德修持之由內向外推擴發展之過程。」〔註 64〕

在先秦儒家的疾病論述中，所觸及的身體議題多為「作為政治權力展現場域的身體」。在儒者眼中，國家病了、社會不健康，儒者理應擔負起醫者的

〔註 61〕〔魏〕何晏注，〔宋〕邢昺疏，李學勤主編：〈憲問第十四〉，《十三經注疏‧論語注疏》，下論，頁 231。

〔註 62〕〔魏〕何晏注，〔宋〕邢昺疏，李學勤主編：〈魏靈公第十五〉，《十三經注疏‧論語注疏》，下論，頁 243。

〔註 63〕楊儒賓指出：「依照儒家思想後來的發展來看，談身體不能只是抽象的談及身體的軀體面，也不能只是限定在『修己以敬』、『修己以安人』、『修己以安百姓』這樣的語言上面，更重要的，要觸及身體與意識（心）、以及外在身體（形）與內在身體（氣）的關聯。楊儒賓：〈儒家身體觀的原型〉，《儒家身體觀》（臺北：中央研究院中國文哲研究所，1996 年），第一章，頁 45。

〔註 64〕黃俊傑：〈東亞儒家思想傳統中的四種「身體」：類型與議題〉，《東亞儒學：經典與詮釋的辯證》，頁 194～195。但黃俊傑指出此類論斷有邏輯謬誤的問題，他說：「再進一步來看，這樣的『身體政治』論將政治領域視為一個缺乏自主性的領域，因而完全受到私人道德領域的支配。這種的理論基礎，顯然忽略了兩者的分野在於：政治領域以權力或資源的爭奪與分配為其核心，有其自主之性質，其運作常常不受個人意志之支配，而私人道德領域中德性主體的建構，是完全個人自主意志可以控制之事務。兩者之運作邏輯並不完全等同，因此，兩者並不完全等價等值。」黃俊傑：〈東亞儒家思想傳統中的四種「身體」：類型與議題〉，《東亞儒學：經典與詮釋的辯證》（臺北：國立台灣大學出版中心，2007 年），頁 196。

角色，孟子（371～289 B.C.）的疾病論述中論及醫國，國家或國君有病，士人應針砭、診治病情。孟子曾對滕文公開出猛藥，引《書經》語稱：「若藥不瞑眩，厥疾不瘳。」〔註 65〕良藥苦口，需忍受副作用，方能達到療效。孟子屢諫君王化私欲爲公義，君王若能與民同樂，則百姓爭相慶賀：「吾王庶幾無疾病與？何以能鼓樂也？」〔註 66〕同樣地，齊王屢次向孟子自陳：「寡人有疾，寡人好勇。」〔註 67〕「寡人有疾，寡人好貨。」「寡人有疾，寡人好色。」〔註 68〕對於齊宣王誠實的自陳，孟子要齊宣王將好勇擴充並安定天下，將好貨之心推己及人，讓人民也變得富有，好色之心亦無妨，要讓天下人內無怨女外無曠夫，人人都有歸宿組成家庭，孟子並未斥責齊宣王的欲望，只是勉齊宣王與民同樂。

（三）諸子思想中的藥喻

應病予藥或藥病之喻自古有之，墨子（470～380 B.C.）提出「兼愛」主張說：「聖人以治天下爲事者也，必知亂之所自起……譬之如醫之攻人之疾者然，必知疾之所自起，焉能攻之；不知疾之所自起，則弗能攻。」〔註 69〕墨子認爲治國需以兼愛爲根本，正如醫者治療病患需直接治療其病根。《呂氏春秋》據此說明法律應因時制宜，《呂氏春秋・察今篇》指出：「譬之若良醫，病萬變，藥亦萬變。病變而藥不變，嚮之壽民，今爲殤子矣。故凡舉事必循法以動，變法者因時而化。」〔註 70〕病毒千變萬化，良醫的醫方也要不斷更新，否則本來可以長壽的人，反成短命鬼。

國家被喻爲身體，而治國賢才爲良醫之喻自先秦已有之。法家韓非子（280～233 B.C.）以扁鵲治病的故事說明，要想治國，就要從微細時著手，禍福之始即應審慎處理，《韓非子》一書載：

〔註 65〕〔魏〕何晏注，〔宋〕邢昺疏，李學勤主編：〈滕文公上第五〉，《十三經疏・孟子注疏》，上冊，頁 154。

〔註 66〕〔魏〕何晏注，〔宋〕邢昺疏，李學勤主編：〈梁惠王章句下〉，《十三經注疏・孟子注疏》，上冊，頁 39。

〔註 67〕〔魏〕何晏注，〔宋〕邢昺疏，李學勤主編：〈梁惠王章句下〉，《十三經注疏・孟子注疏》，上論，頁 45。

〔註 68〕〔魏〕何晏注，〔宋〕邢昺疏，李學勤主編：〈梁惠王章句下〉，《十三經注疏・孟子注疏》，頁 56。

〔註 69〕墨子：〈兼愛上第十四〉，收入吳毓江撰，孫啓治點校：《墨子校注》（北京：中華書局出版社，1993 年），卷 4，頁 154。

〔註 70〕呂不韋著，陳奇猷校釋：《呂氏春秋新校釋》（上海：上海古籍出版社，2002 年）。

> 扁鵲見蔡桓公，立有間。扁鵲曰：「君有疾在腠理，不治將恐深。」桓侯曰：「寡人無。」扁鵲出，桓侯曰：「醫之好治不病以爲功。」居十日，扁鵲復見曰：「君之病在肌膚，不治將益深。」桓侯不應。扁鵲出。桓侯又不悅。居十日，扁鵲復見曰：「君之病在腸胃，不治將益深。」桓侯又不應。扁鵲出。桓侯又不悅。居十日，扁鵲望桓侯而還走，……故良醫之治病也，攻之于腠理。此皆爭之于小者也。夫事之禍福亦有腠理之地，故聖人蚤（早）從事焉。〔註 71〕

扁鵲洞見蔡桓公之病灶，而桓公不信，因此「疾在腠理」、「病在肌膚」、「病在腸胃」，而終致病入骨髓無可救藥。韓非子以扁鵲療病比喻聖人之救國，《韓非子》載：

> 聞古扁鵲之治其病也，以刀刺骨；聖人之救危國也，以忠拂耳。刺骨，故小痛在體而長利在身；拂耳，故小逆在心而久福在國。故甚病之人利在忍痛，猛毅之君以福拂耳。〔註 72〕

扁鵲療治疾病時，以刀刺骨就像逆耳的忠言。

良醫能因病給藥，因病給藥得先辨別藥與毒，漢代王符《潛夫論》指出：

> 夫治世不得眞賢，譬猶治疾不得眞藥也。治疾當得眞人參，反得支羅服；當得麥門冬，反得烝穬麥。已而不識眞，合而服之，病以侵劇，不自知爲人所欺也。乃反謂方不誠而藥皆無益於療病，因棄後藥而弗敢飲，而便求巫覡者，雖死可也。……三代以下，皆以支羅服、烝穬麥合藥，病日痁而遂死也。〔註 73〕

這是求賢才的政治隱喻，人參、支羅服、麥門冬、烝穬麥等，不是對症下藥或者服藥方式錯誤皆會延誤病情，最終終究導致病人無藥可救甚至病疾亂投醫，不得賢人治國終會導致求救無門而滅國的結果。

（四）道家思想中的藥喻

老子《道德經》云：「吾所以有大患者，爲吾有身；及吾無身，吾有何患？故貴以身爲天下，若可寄天下；愛以身爲天下，若可托天下。」〔註 74〕最大

〔註 71〕韓非子：〈喻老〉，收入韓非子校注組：《韓非子校注》（江蘇：人民出版社，1982 年），頁 221～222。

〔註 72〕韓非子：〈安危〉，收入韓非子校注組：《韓非子校注》，頁 278。

〔註 73〕〔漢〕王符著，〔清〕汪繼培箋：《潛夫論箋校正》（北京：中華書局，1997 年），〈思賢第八〉，頁 79～80。

〔註 74〕老子著，饒尚寬譯注：《老子》（北京：中華書局，2006 年），第 13 章，頁 31。

的擔憂來自於自身，若能把肉身性命置之度外，還有什麼禍患可憂慮？因此，捨棄肉身性命去爲天下的人，堪爲普天下的寄託、依賴。針對欲望道家老子則說：「五色令人目盲，五音令人耳聾，五味令人口爽，馳騁畋獵令人心發狂，難得之貨令人行妨。是以聖人爲腹不爲目。故去彼取此。」〔註 75〕老子指出沉溺物欲的弊害，因此聖人只求安飽自足，不追逐聲色犬馬之娛。對治憂慮、憂患最好的是知止知足，《老子》道：「名與身孰親？身與貨孰多？得與亡孰病？甚愛必大費，多藏必厚亡。故知足不辱，知止不殆，可以長久。」〔註 76〕對於名聲、財富、得到世界等，不能知足的人才是病態，老子認爲知足知止才可以得享長久的生命，世俗的價值觀也是一種病。

知止知足之外，能自知方能「不病」，《老子》七十一章說：「知不知，尚矣；不知知，病也。聖人不病，以其病病。夫唯病病，是以不病。」〔註 77〕無知卻自以爲知道，有病。只有把病當成病來看，才會不病。聖人不病，就是因爲他有自知之明，在老子的論述中，無知也是一種缺失。楊玉成詮解老子此段文字時，指出：「這種疾病的後設敘述成爲明清醫療話語一個有趣類型，最明顯的是名爲『醫醫』、『藥藥』、『醫案按』等書籍的出現。」〔註 78〕

道家心目中理想的醫者是：對世事不執著、遊心於物外。道家以精神修養爲主，點出一個高於世間的精神境界，精神境界修養得宜，方能以無爲而統籌、治理世間。《莊子》中載，黃帝問道於牧馬童子，小童曰：「予少而自遊於六合之內，予適有瞀病，有長者教予曰：『若乘日之車而遊於襄城之野。』今予病少痊，予又且復遊於六合之外。夫爲天下亦若此而已。予又奚事焉！」〔註 79〕牧馬童子自言曾罹患眼疾，其治癒方式爲每天到襄城原野走一走，病情好轉之後，牧馬童子欲神遊於人間之外，牧馬童子進一步指出：治理天下的方法與此相同——遊於六合之外。

《莊子》中藉顏回、孔子之對話，反對儒家禮義教化，顏回把自己想去衛國的想法告訴孔子，並向孔子報告：「『治國去之，亂國就之。』醫門多疾，願以所聞思其則，庶幾其國有瘳乎！」孔子認爲品德純厚的人在暴君面前講

〔註 75〕老子著，饒尚寬譯注：《老子》，第 12 章，頁 29。
〔註 76〕老子著，饒尚寬譯注：《老子》，第 44 章，頁 109。
〔註 77〕老子著，饒尚寬譯注：《老子》，第 71 章，頁 172。
〔註 78〕楊玉成：〈病人絮語：晚明張大復的疾病與書寫〉，發表於中研院文哲所主辦，「2011 明清研究前瞻」國際學術研討會，2011 年 11 月 24 日，頁 9。
〔註 79〕王叔岷校注：〈外篇天地第十二〉，《莊子校詮》，上冊，頁 458。

仁義，將被視爲菑人，繼而產生菑難，孔子說：「彊以仁義繩墨之言術暴人之前者，是以人惡有其美也，命之曰菑人。菑人者，人必反菑之，若殆爲人菑夫！」〔註80〕

莊子曰：「秦王有病，召醫，破癰潰痤者得車一乘，舐痔者得車五乘。所治癒下，得車愈多，子豈治其痔邪？何得車之多也！子行矣！」〔註81〕爲秦王治病方式越卑下者，所得賞賜愈多。擠毒瘡、舔痔瘡不一而足，這則寓言中道家對曲意奉承的政客有所諷刺。《莊子》載赤張滿稽曰：「天下均治之爲願，而何計以有虞氏爲！有虞氏之藥瘍也，禿而施髢，病而求醫。」〔註82〕人爲政治不過是將頭瘡治療爲禿頭之後，再戴上假髮，這是病而後醫的結果。上述兩則寓言將矛頭直指儒家猶如庸醫，違背人性、弄巧成拙。這二寓言可視爲道家對儒家的針砭，以道家觀之，儒者對患者的診治只會加重病人的病情，「榮辱立，然後睹所病；貨財聚，然後覩所爭。今立人之所病，聚人之所爭，窮困人之身使無休時。」〔註83〕榮辱的對立才顯出各種弊病，財貨聚集，所以人們爭奪財物，道家反覆質疑儒家用藥的合理性。所謂：「藥也，其實堇也，桔梗也，雞壅也，豕零也，是時爲帝者也，何可勝言！」〔註84〕藥方令人生，亦能令人死，用藥善巧與否，很是重要，僅能在適當時機使用，方有療效。如《莊子・庚桑楚》南榮趎說：「里人有病，里人問之，病者能言其病，然其病病者猶未病也。若趎之聞大道，譬猶飲藥以加病也，趎願聞衛生之經而已矣。」〔註85〕能把疾病當作疾病的人病況仍不嚴重，但南榮趎學習大道卻因藥加重了病情。藥與毒實乃一體兩面，其中「衛生之經」是指養護生命的常規，是最早的醫療保健。

（五）佛家思想中的藥喻

佛教中認爲眾生——天、人、阿修羅、畜生、餓鬼、地獄六道輪迴的各種生命體，有種種不同的煩惱、痛苦、無明等病，而佛、菩薩爲「大醫王」，能治療眾生種種煩惱、痛苦、無明等病，徐聖心〈王夫之《論語》詮釋之「應

〔註80〕王叔岷校注：〈內篇人閒世第四〉，《莊子校詮》，上冊，頁118～119。
〔註81〕王叔岷校注：〈雜篇列禦寇第三十二〉，《莊子校詮》，下冊，頁1268。
〔註82〕王叔岷校注：〈外篇天地第十二〉，《莊子校詮》，上冊，頁458。
〔註83〕王叔岷校注：〈雜篇則陽第二十五〉，《莊子校詮》，中冊，頁1022。
〔註84〕王叔岷校注：〈雜篇徐無鬼第二十四〉，《莊子校詮》，中冊，頁981。
〔註85〕王叔岷校注：〈雜篇庚桑楚第二十三〉，《莊子校詮》，中冊，頁876。

病予藥」喻辨——兼與方以智藥病說之比較〉一文，業已指出《雜阿含經》、《維摩詰經》、《寶雲經》〔註86〕等佛典中的藥、病之喻。他說：

> 應病予藥或藥病說，在其譬喻與引用有幾個轉折：本出於佛教之贊佛、菩薩，而後來更爲儒者取用以稱譽儒學教法，更進而用以指孔子之教法，再進而以此會通三教，其爲喻似可普遍適用。〔註87〕

在陽明心學及其後學中，其「藥」、「病」等用語確有融通佛學之處，如：有人問陽明：「所謂『沖漠無朕，而萬象森然已具』者，其言何如」？陽明答曰：『是說本自好。只不善看，亦便有病痛』」。〔註88〕不明本來心體便是不善看，便有病痛。陽明說：「各人儘著自己力量精神，只在此心純天理上用功，即人人自有，箇箇圓成，便能大以成大，小以成小。不假外慕，無不具足。」〔註89〕所謂「人人自有，個個圓成」與禪宗六祖惠能說的：「菩提般若之智，世人本自有之，只緣心迷，不能自悟。」〔註90〕有著相同的意旨，陽明亦曾把「良知」比爲佛家的「本來面目」，陽明說：「不思善不思惡時認本來面目，此佛氏爲未識本來面目者設此方便。本來面目，即吾聖門所謂良知，……欲求寧靜欲念無生，此正是自私自利，將迎意必之病。」〔註91〕良知本有，但喜靜厭動就犯了將、迎、意、必等病痛。

錢謙益晚年宗賢首宗，賢首宗即華嚴宗，以《華嚴經》爲依歸，《華嚴經》亦云：「佛如醫王能治一切諸煩惱病。能救一切生死大苦。」〔註92〕提出法界緣起、四法界、十玄門、六相五教等說，闡揚佛法事事無礙之圓融妙義。錢

〔註86〕《雜阿含經》：「有四法成就，名曰大醫王者。所應王之具、王之分。何等爲四？一者善知病。二者善知病源。三者善知病對治。四者善知治病已。當來更不動發。……」《雜阿含經》（《大正藏》第二冊）卷十五之389。《維摩詰經》：「爲大醫王，善療眾病，應病與藥，令得服行。」《維摩詰經》（《大正藏》第十四冊），頁537a。《寶雲經》：「佛言：『善男子，如來世尊如大醫王，能治眾生煩惱之病，亦知煩惱所因起處，以大法藥而普與之。眾生愚癡爲煩惱所覆，不知如來是大醫王。』」《寶雲經》（《大正藏》第十六冊），卷八，頁226c。

〔註87〕徐聖心：〈王夫之《論語》詮釋之「應病予藥」喻辨——兼與方以智藥病說之比較〉，《臺大中文學報》，第29期，2008年12月，頁193。

〔註88〕陳榮捷著：《王陽明傳習錄詳註集評》，頁60。

〔註89〕陳榮捷著：《王陽明傳習錄詳註集評》，頁129。

〔註90〕佛光大藏經編修委員會主編：《佛光大藏經》（高雄：佛光出版社，1994年），《六祖大師法寶壇經》，〈般若第二〉，頁24。

〔註91〕陳榮捷著：《王陽明傳習錄詳註集評》，頁228。

〔註92〕《大方廣佛華嚴經》（《大正新脩大藏經》，第十冊），頁411a。

謙益曾言：「今日妖邪熾盛，狂瞽交馳，皆以正法不明之故。而三宗之中，急宜提唱者，尤莫先於賢首。」〔註 93〕此語有判教之意味，若要消除狂病、醫治眾疾，錢謙益認爲《華嚴經》最爲首選，他說：「如使華嚴法界，豁然中天，高山之旭日大明，帝網之寶珠遍照。善見得而眾疾俱消，末尼出而群生咸給。又何患狂猋之不除、慧燈之不續哉？」〔註 94〕在佛典中《華嚴經》被喻爲不死藥，「如阿揭陀藥，能療一切毒。」《華嚴經》中亦有「疾病的隱喻」，經云：

> 菩薩摩訶薩施湯藥時，以諸善根如是迴向，所謂：「願一切眾生於諸蓋纏，究竟得出；願一切眾生永離病身，得如來身；願一切眾生作大良藥，滅除一切不善之病；願一切眾生成阿伽陀藥，安住菩薩不退轉地；願一切眾生成如來藥，能拔一切煩惱毒箭；……願一切眾生作大藥王，永除眾病，不令重發；願一切眾生作不壞藥樹，悉能救療一切眾生；願一切眾生得一切智光，出眾病箭；願一切眾生善解世間方藥之法，所有疾病爲其救療。」菩薩摩訶薩施湯藥時，爲令一切眾生永離眾病故，究竟安隱故，究竟清淨故，如佛無病故，拔除一切病箭故，得無盡堅固身故，得金剛圍山所不壞身故，得堅固滿足力故，得圓滿不可奪佛樂故，得一切佛自在堅固身故，以諸善根如是迴向。〔註 95〕

《華嚴經》以「病」爲喻，說明眾生未見如來、未除不善、未得不退轉、未離煩惱、未得智慧……等狀態。反之，得如來正覺、拔煩惱、究竟清淨，進而善開方便法門療救一切眾生，則爲無病的佛。

儒、釋、道三家皆有以藥、病爲喻闡述論點之淵源，明中葉以後三教間既融合又競爭，學者如何以藥、病爲喻詮釋自家學說觀點，並如何援引三教之學說，爲筆者研究的重點。明末士人眼見國家積病欲醫國，其震聾發聵積極的啓蒙意義，明清之際迫切的經世願望，從錢謙益「醫國手」之喻可見出。

〔註 93〕錢謙益：〈與惟新和尚書〉，收入錢謙益著，錢曾箋注，錢仲聯標校：《錢牧齋全集》，冊 6，牧齋有學集，卷 40，頁 1370。

〔註 94〕錢謙益：〈與惟新和尚書〉，收入錢謙益著，錢曾箋注，錢仲聯標校：《錢牧齋全集》，冊 6，牧齋有學集，卷 40，頁 1370～1371。

〔註 95〕《大方廣佛華嚴經》（《大正新脩大藏經》，第十冊），頁 137c。

第二章　從王陽明到錢謙益思想上的藥、病論述

一、王陽明的藥病論述

（一）王陽明以「知行合一」為藥

王陽明以「知行合一」爲藥，治癒人心之病痛，「病」是未臻圓滿的狀態或性格上的缺失。在修身方面，知行合一可以治癒理學病痛，他說：「今人卻就將知行分作兩件去做。……此不是小病痛。……某今說箇知行合一，正是對病的藥。」〔註1〕王陽明所謂的「知行分作兩件去做」與其早年的「格物致知」的格竹經驗有關，而陽明在龍場悟道之後，遂發展出「致良知」之說，陽明指出：「『致良知』三字無病。醫經折肱，方能察人病理。」〔註2〕「致良知」即陽明學說的精髓，也是陽明直指人心的藥，三折肱而成良醫即是陽明的經歷。「致良知」則無病，無病則本自圓滿、本自好之。陽明始終秉持儒家入世精神說，王陽明曾說：「今天下波頹風靡，爲日已久，何異於病革臨絕之時！」〔註3〕王陽明對其所處之社會發出如是感慨，其救世之志與出世的佛家不同，陽明力陳儒佛間的差異，暗指佛家時有自私自利之心，《傳習錄》載：

〔註1〕陳榮捷著：《王陽明傳習錄詳註集評》（臺北：台灣學生書局，1983年），頁34。

〔註2〕陳榮捷著：《王陽明傳習錄詳註集評》，頁324。

〔註3〕吳光、錢明等編校，王守仁撰：《王陽明全集》（上海：上海古籍出版社，1992年），上冊，卷21，〈答儲柴墟二〉，頁814。

> 《大學》以「心有好樂、忿懥、憂患、恐懼」爲「不得其正」，而程子亦謂「聖人情順萬事而無情。」所謂有者，《傳習錄》中以病瘧譬之。極精切矣。……且事感而情應，則是是非非，可以就格。事或未感時，謂之有，則未形也。謂之無，則病根在有無之間。……其良知之體，皦如明鏡，略無纖翳。妍媸之來，隨物見形。而明鏡曾無留染。所謂「情順萬事而無情」也。「無所住而生其心」，佛氏曾有是言。……病瘧之喻，既已見其精切。則此節所問，可以釋然。病瘧之人，瘧雖未發，而病根自在。則亦安可以其瘧之未發，而遂忘其服藥調理之功乎？若必待瘧發而後服藥調理，則既晚矣。致知之功，無間於有事、無事。而豈論於病之已發、未發邪？〔註4〕

病瘧發時，應如明鏡般面對它，而病根的潛伏，則需要服藥調理，陽明把致知視爲調理的藥方。「致良知」便無病痛，且能除病根，病若痊癒之人，病根未必消除，陽明把致知視爲調理的藥，陽明以疾病爲喻，指出有些病根具有潛伏期，陽明說：「譬之病瘧之人，雖有時不發，而病根原不曾除，則亦不得謂之無病之人矣。」〔註5〕

（二）人病須「因病給藥」，「因藥而病」的法病亦須對治

「致良知」爲陽明的總藥方，但細數病名，陽明則指出好名、好貨、〔註6〕好高、〔註7〕露才揚己等私欲爲病，〔註8〕針對人的習性陽明亦提出漸修之方，此則陽明能「因病發藥」之智慧，所謂「因病發藥」不限時空，有時甚至是隨時、隨處予以治療，如：孟源好名之病發時，陽明屢以「爾病又發」提點，直指孟源病根。〔註9〕致良知爲根本藥方之外，陽明也明確提

〔註4〕陳榮捷著：《王陽明傳習錄詳註集評》，頁237。

〔註5〕陳榮捷著：《王陽明傳習錄詳註集評》，頁104。

〔註6〕陽明說：「無事時，將好色好貨好名等私，逐一追究搜尋出來。定要拔去病根，永不復起，方始爲快。」陳榮捷著：《王陽明傳習錄詳註集評》，頁75。陽明說：「爲學大病在好名」。陳榮捷著：《王陽明傳習錄詳註集評》，頁127。

〔註7〕先生嘆曰：「世間知學的人，只有這些病痛打不破，就不是善與人同。」崇一曰：「這病痛只是箇好高不能忘已爾。」陳榮捷著：《王陽明傳習錄詳註集評》，頁349。

〔註8〕陽明說：「凡朋友問難，縱有淺近粗疏，或露才揚己，皆是病發。當因其病而藥之可也。不可便懷鄙薄之心。」陳榮捷著：《王陽明傳習錄詳註集評》，頁315。

〔註9〕《傳習錄》載：孟源有自是好名之病。先生屢責之。一日，警責方已。一友自陳日來工夫請正。源從傍曰：「此方是尋著源舊時家當」。先生曰：「爾病又

到，有時會「因病而藥」，他說：「日間工夫覺紛擾，則靜坐。覺懶看書，則且看書。是亦因病而藥。」〔註 10〕又，懺悔、悔悟也是一例，陽明說：「悔悟是去病之藥。以改之爲貴。若留滯於中，則又因藥發病」。〔註 11〕「一友問，『欲於靜坐時，將好名，好色、好貨等根，逐一搜尋掃除廓清。恐是剜肉做瘡否』？先生正色曰，『這是我醫人的方子。眞是去得人病根。更有大本事人？過了十數年亦還用得著。你如不用，且放起。不要作壞我的方子』。」〔註 12〕王陽明將人心的好名、好色、好貨視爲病根，並自期爲良醫，定要除去門人之病根。

醫者「因病而藥」治療病人，而「因藥發病」卻是另一種問題。陽明提示行者水能載舟亦能覆舟，在陽明看來，藥也會引發疾病，如：「所謂見聞者適以資其務外好高而已。蓋所以救子張多聞多見之病，而非以是教之爲學也。」〔註 13〕多聞多見雖是藥，但藥被誤用時也會因藥而發病，陽明以飲食爲喻說明：飲食過多不能消化是病，而多聞未消化也是病。〔註 14〕功夫有時亦是病，陽明說：「若只死死守著，恐於工夫上又發病」。〔註 15〕「若只管求光景，說效驗，卻是助長外馳病痛，不是工夫」。〔註 16〕陽明欲震聾發聵，指出聽聞過於雜亂則「如病狂喪心之人，莫自知其家業之所歸。」〔註 17〕陽明弟子徐愛所錄的《傳習錄》〈序〉指出：

> 門人有私錄陽明先生之言者。先生聞之謂之曰：「聖賢教人如醫用藥，皆因病立方。……若拘執一方，鮮不殺人矣。……若遂守爲成

發」。源色變。議擬欲有所辨。先生曰：「爾病又發」。因喻之曰：「此是汝一生大病根。譬如方丈地內，種此一大樹。雨露之滋，土脈之力，只滋養得這箇大根。四傍縱要種些嘉穀，上面被此樹葉遮覆，下面被此樹根盤結，如何生長得成？須用伐去此樹，纖根勿留，方可種植嘉種。不然，任汝耕耘培壅，只是滋養得此根」。陳榮捷著：《王陽明傳習錄詳註集評》，頁 58～59。

〔註 10〕陳榮捷著：《王陽明傳習錄詳註集評》，頁 58。

〔註 11〕陳榮捷著：《王陽明傳習錄詳註集評》，頁 128。

〔註 12〕陳榮捷著：《王陽明傳習錄詳註集評》，頁 334～335。

〔註 13〕陳榮捷著：《王陽明傳習錄詳註集評》，頁 187。

〔註 14〕先生曰：「凡飲食只是要養我身。食了要消化。若徒蓄積在肚裏，便成痞了。加何長得肌膚？後世學者博聞多識，留滯胸中，皆傷食之病也。」陳榮捷著：《王陽明傳習錄詳註集評》，頁 299。

〔註 15〕陳榮捷著：《王陽明傳習錄詳註集評》，頁 116。

〔註 16〕陳榮捷著：《王陽明傳習錄詳註集評》，頁 118。

〔註 17〕陳榮捷著：《王陽明傳習錄詳註集評》，頁 198。

> 訓，他日誤己誤人，某之罪過，可復追贖乎」？愛既備錄先生之教，同門之友有以是相規者，愛因謂之曰：「如子之言，即又拘執一方，復失先生之意矣。……今備錄先生之語，固非先生之所欲。使吾儕常在先生之門，亦何事於此？……使能得之言意之表，而誠諸踐履之實，則斯錄也，固先生終日言之之心也」。〔註 18〕

陽明指出「聖賢教人如醫用藥」，聖賢如醫且能因病給藥，不執著於單一藥方，而陽明在弟子眼中亦如神醫，甚至具有洞見、透視人體的眼力。《傳習錄》的命名源於《論語》的「傳不習乎？」似乎要提醒讀者視病情而予以服藥，至少陽明弟子是這麼認為的，徐愛搜編陽明所給的藥方，並週到地擔心執著某些處方，遂邀同門提供陽明曾授予的藥方。近人王汎森在〈明代心學家的社會角色〉一文中指出：「當顏鈞陷入極度苦悶之時，是陽明《傳習錄》解救了他。……羅汝芳也是在極度苦悶時，其父授予一本《傳習錄》，才初步打開他的心結。」〔註 19〕《傳習錄》之於陽明門人，像藥方之於病人，而這些深陷苦悶的病人自陳因《傳習錄》而得以痊癒。

二、王龍溪的藥病論述——善識人病猶秦越人

陽明弟子王龍溪（1498～1583）說：「識人病痛極難。譬之秦越人治病，洞見五臟，量人元氣虛實、病情標本以為攻補、先後深淺，方為妙手。此所謂扶持之力也。」〔註 20〕扁鵲彷彿擁有透視眼，能洞見問題，並且能循序漸進醫治病人，龍溪論學屢稱「先師」，並繼承陽明說法精髓，陽明便是龍溪眼中的扁鵲，他說：「先師教法，如秦越人視疾，洞見五臟，眞神醫也。」〔註

〔註 18〕〔明〕王守仁撰：《陽明全書》（台北：中華書局，1965 年），〈傳習錄序〉，頁 1～2。此序為《初刻傳習錄》之〈舊序〉，《王陽明傳習錄詳註集評》未收，中華書局據明謝氏刻本校刊之《陽明全書》收入此序。

〔註 19〕王汎森：《晚明清初思想十論》（上海：復旦大學出版社，2004 年），〈明代心學家的社會角色〉，頁 5。王汎森指出：「我們如果換一個角度去讀心學家文集中那些師生問答的記錄，就會發現除了哲學討論之外，也有一些心理咨商的記錄。……有的心學家也扮演起心理治療的角色，而他們與佛道或其他民間宗教之間常常處在競逐的狀態，遇到心疾，有人聲稱禪宗才能救助，有人認為找心學家才是正途。」王汎森：《晚明清初思想十論》，〈明代心學家的社會角色〉，頁 8。

〔註 20〕王畿撰：《王龍溪全集》，卷一，〈撫州擬峴臺會語〉，頁 132。

〔註 21〕王畿撰：《王龍溪全集》，卷二，〈書休寧會約〉，頁 180。

21〕而龍溪自謙爲秦越人（扁鵲）身旁的童子，因拳拳服膺於醫師處方而痊癒，既得以痊癒便又將處方傳予他人，龍溪說：

> 昔者秦越人，醫之神者也，値藥童子，服勤既久，頗能傳其方，間以語諸人，人服頗有效，而此童子者則固未之能也。予不肖，何以異於是？諸君深信其方，務加修服，以去其病，人不以重不肖未能之疑，吾道幸矣！〔註22〕

而龍溪亦被弟子、時人視爲善識人病、修養得宜並且氣定神閒的奇人，張子曰：「先生見道透徹，善識人病，每聞指授，令人躍然。高年步履視瞻，少壯者所不能及。是豈可以強爲？隨時應用，見其隨時收攝，造次忙冗中，愈見其鎭定安和，喜怒未嘗形於色。」〔註 23〕陽明與龍溪醫者形象儼然確立，醫者所醫的是人心的病痛，而醫者所呈現的是少壯所不能及的外貌及安和鎭定的精神氣質。

陽明視弟子龍溪爲上根之人，他說：「汝中所見，我久欲發，恐人信不及，徒增躐等之病，故含蓄到今。」〔註 24〕龍溪特殊的穎悟非尋常人所能企及，故陽明擔心的是躐等之病。龍溪亦擔心淩躐之病的產生，他說：「有謂良知不學而知，不須更用致知；良知當下圓成無病，不須更用消欲工夫。此淩躐之論也。」〔註25〕

編書者可能亦有病痛，不是圓滿無缺陷者，故書不能盡信，龍溪說：「觀《春秋》、《易》、《詩》、《書》，經聖人手 ,則知編《論語》者，亦有病。」〔註26〕但龍溪運用禪宗「心迷法華轉，心悟轉法華」的典故說明游談無根的弊病，他說：「吾人時時能對越上帝，無閒漫之時，然後可以無藉於書。書雖是糟粕，然千古聖賢心事，賴之以傳，何病於觀？但泥於書，而不得於心，是爲法華所轉，與游談無根之病，其間不能以寸。」〔註 27〕龍溪自覺淩躐之病可能蔓延，因此對束書不觀、游談無根者多有針砭，他說：「魚兔未獲，毋捨筌蹄；家當未完，毋撤藩衛。未得謂得，未證謂證，學之通病」。〔註28〕狂禪的弊病

〔註22〕王畿撰：《王龍溪全集》，卷二，〈斗山會語〉，頁 159。

〔註23〕王畿撰：《王龍溪全集》，卷五，〈天柱山房會語（與張陽和、周繼實、裘子充問答）〉，頁 376。

〔註24〕王畿撰：《王龍溪全集》，卷一，〈天泉證道紀〉，頁 92。

〔註25〕王畿撰：《王龍溪全集》，卷二，〈滁陽會語〉，頁 174。

〔註26〕王畿撰：《王龍溪全集》，卷一，〈撫州擬峴臺會語〉，頁 141。

〔註27〕王畿撰：《王龍溪全集》，卷一，〈撫州擬峴臺會語〉，頁 138。

〔註28〕王畿撰：《王龍溪全集》，卷十一，〈答張陽和〉，頁 762。

即是「未得謂得，未證謂證」，龍溪一脈頗有與狂禪合流之病，而龍溪已然見出後學可能的弊病。龍溪爲避免後學躐等之病亦因病給藥對時人開出藥方，如：「吾人今日講學，先要一切世情淡得下，此是吾人立定腳跟第一義。《中庸》結末，開口說箇淡字，正是對病藥方」〔註29〕、「會友輔仁之要，莫切于此，辨志敬業，取諸此而已。此尤吾人對病之藥也。」〔註30〕看淡世情欲望與良師益友切磋琢磨，即是龍溪所開出的對病之藥。

王龍溪亦視孟子爲明醫，齊王屢次向孟子自陳：「寡人有疾，寡人好勇。」「寡人有疾，寡人好貨。」「寡人有疾，寡人好色。」〔註31〕龍溪指出齊宣王不諱疾忌醫，能自陳其病，便能得到救贖。龍溪說：

> 齊宣王自謂好勇、好貨、好色，良知未嘗不自知，肯將自己所受之病，一一向大賢面前陳說，不作一毫包藏態度，所以孟子惓惓屬意於王，以爲足用爲善，庶幾改之，予日望之。譬之病人不自諱忌，明醫猶有可用藥處。〔註32〕

龍溪認爲：病人應該誠實面對自己的疾病與問題，他說：「君子五教，答問居一焉。譬如醫之治病，必須病者先述病原，知其標本所在，藥始中病，不爲徒發。望氣切脈，終不若自言之眞也。」〔註33〕良醫需要病人的配合，病人要能勇於面對疾病、問題，醫者才能對症下藥。〔註34〕龍溪指出：

> 聞過而喜，自有以來人之告之爲難也。譬之有疾之人，良醫識其致疾之原，施以鍼砭，投以湯液，雖不免有痛楚瞑眩之苦，樂而受之，方幸其夙疾之有瘳也。少有諱疾之心，未免生忌，雖有良醫，亦將見之而走，盧扁所以動心於膏肓也。自今以後，願諸君各發聞過則喜之心，以諱疾爲戒，時時虛懷，務求盡言，不以爲忌。〔註35〕

〔註29〕王畿撰：《王龍溪全集》，卷一，〈冲元會紀〉，頁96～97。

〔註30〕王畿撰：《王龍溪全集》，卷一，〈復陽堂會語〉，頁108。

〔註31〕唐滿先等編著：《十三經直解》，第四卷，《孟子直解》，〈梁惠王下第二〉，頁424、428～429。

〔註32〕〔明〕王畿撰：《王龍溪全集》，卷二，〈桐川會約〉，頁216～217。

〔註33〕王畿撰：《王龍溪全集》，卷七，〈白雲山房問答〉，頁503。

〔註34〕楊玉成指出：「將（孟子與齊宣王的）整個對話看作一種語言治療：齊宣王是病患，孟子就像醫生，病患向醫生坦承一切，醫生則提供治療。這種過程包含一種內心隱私的坦白，某種心理治療。」楊玉成：〈啓蒙與暴力——李卓吾與文學評點〉，收入黃惠娟主編：《台灣學術新視野——中國文學之部（二）》（台北：五南圖書出版股份有限公司，2007年），頁974。

〔註35〕王畿撰：《王龍溪全集》，卷五，〈敦德業〉，頁340～341。

不能坦然面對自己的疾病，便有諱疾忌醫的問題，聽聞一己的過失能夠坦然，不掩飾錯誤、疾病，才有治癒的機會。

三、泰州學派的藥喻

泰州學派的創始人王艮，其說簡易標舉「百姓日用即道」，倡「滿街都是聖人」，遭斥爲異端之說，其門下有朱恕、顏鈞、王襞、羅汝芳、何心隱、李贄、焦竑、周汝登等人。王艮（1843），字汝止，號心齋，一生頗富傳奇色彩，據《年譜》記載，其七歲「受書鄉塾，信口談說，若或啓之，塾師無能難者。」〔註 36〕即展現其優異資質，然因家貧至十一歲遂投入家庭事業。十九歲即商遊四方，二十一歲因理財得當，而家日裕，以餘財造福鄰里鄉黨，王艮日後能將王學通俗化與其經商經驗不無關係。除了經商理財有道之外，王艮有著積極入世、救世之心，其立志窮究聖人之道，二十五歲到山東謁孔廟即起效尤之心，並歎曰：「夫子亦人也，我亦人也。」自此王艮深入儒家經典，而王艮所受持經典爲《孝經》、《論語》、《大學》，然其不拘泥字句勇於懷疑的精神由其「置其書袖中，逢人質義」的行爲可見出，至王艮三十二歲「說經不泥傳注，多以自得發明之，聞者亦悅服，無可辯。」王艮三十八歲嘗言：「夫六經者，吾心之註腳也。心即道，道明則經不必用，經明則傳復何益？經傳，印證吾心而已矣。」除說經自抒己見，王艮並以淺白文字闡揚倫理，其作於三十五歲的《孝弟箴》，力陳兄友弟恭之倫理古義。

在王艮的求道過程中，有許多超乎尋常的異象，使其一生伴隨著神秘且神化的色彩，二十九歲時，曾有夜夢天墜而自身重整天罡並救世的異夢，年譜載：

> 一夕夢天墜壓身，萬人奔號求救，先生獨奮臂托天而起，見日月列宿失序，又手自整布如故，萬人歡舞拜謝。醒則汗溢如雨，頓覺心體洞徹，萬物一體，宇宙在我之念益眞切不容已。〔註 37〕

王艮因夢而體悟「萬物一體」，更因這個夢而更加堅定其必成道之志。王艮三十八歲謁見王陽明，見陽明的前一天王艮亦有異夢，王艮見陽明時即道：「昨來時，夢拜先生於此亭。」王艮對陽明心悅誠服，甘爲弟子，待王艮返家欲再拜陽明時亦曾發生神異事蹟，《年譜》載：

〔註 36〕陳祝生等點校，王艮撰：《王心齋全集》（南京：江蘇教育出版社，2001），卷三，年譜，頁 67。

〔註 37〕陳祝生等點校，王艮撰：《王心齋全集》，卷三，年譜，頁 68。

> 歸七日，先生復欲往豫章。守庵公以阻風遇盜途中，已兩見之，難其行。先生曰：「爲善必吉，誠可動天，某此行自有神護。」族長亦設故以難其行，曰：「汝言誠可動天，今天日方晴，汝能禱雨以證，汝父必許，豫章可往也。」先生即齋心焚香，以情告天，……午，果雲起，雨下如注。族長老異焉，守庵公亦忻然許之。〔註38〕

王艮指出爲善有神護，果然其祈願上達天聽，求雨得雨。王艮四十歲這年曾「製一蒲輪，標其上曰：天下一個，萬物一體，入山林求會隱逸，過市井啓發愚蒙。遵聖道天地弗違，致良知鬼神莫測。」〔註 39〕王艮自製傳道車並隨機渡化群眾的行爲頗有宗教意味，而正當王艮隨處講學之際「先夕有老叟夢黃龍無首行雨，至崇文門變爲人立。晨起，先生適至。」〔註 40〕這又是一個異夢，這個異夢中，王艮無異議的成爲群龍之首，諸多「異夢」促使王艮積極救世，其「神祕主義色彩」亦造成後世褒貶不一之因。王艮四十歲這年又寫作《鰍鱔賦》，此賦中道出王艮因見偶見鱔魚缸中鱔魚奄奄一死，而其中一鰍從中而出，若神龍然使眾鱔魚轉身通氣，恢復生氣。王艮因此悟道：

> 吾與同類並育於天地之間，得非若鰍鱔之同育於此缸乎？吾聞大丈夫以天地萬物爲一體，爲天地立心，爲生民立命，幾不在茲乎！〔註 41〕

王艮此次的悟道對比二十九歲時的天墜之夢，相同之處在於體認「萬物一體、宇宙在我之念。」《鰍鱔賦》的神話色彩在於，後來鰍化爲龍，「躍入天河，投于大海」，鰍不僅自身解脫「回視樊籠之鱔，思將有以救之。奮身化龍，復作雷雨，傾滿鱔缸，於是纏繞覆壓者，皆欣欣然而有生意。」〔註 42〕鰍化爲龍頗似神話故事，從中顯示王艮自救救人的意志，而鰍化爲龍的寓言頗似王艮一生從平民到教主的歷程。

王艮二十三歲曾「究心醫道」〔註43〕，四十一歲曾於鄉里大疫期間，「日

〔註38〕陳祝生等點校，王艮撰：《王心齋全集》，卷三，年譜，頁 70。

〔註39〕陳祝生等點校，王艮撰：《王心齋全集》，卷三，年譜，頁 71。

〔註40〕陳祝生等點校，王艮撰：《王心齋全集》，卷三，年譜，頁 71。

〔註41〕王艮：〈鰍鱔賦〉，收入陳祝生等點校，王艮撰：《王心齋全集》，卷二，年譜，頁 55。

〔註42〕王艮：〈鰍鱔賦〉，收入陳祝生等點校，王艮撰：《王心齋全集》，卷二，詩文雜著，頁 55。

〔註43〕陳祝生等點校，王艮撰：《王心齋全集》，卷三，年譜，頁 68。

煮藥飲廣為調濟，全活者甚眾。」〔註 44〕王艮四十一歲這年，淮揚大饑，王艮除了貸米賑災之外又廣施藥劑，四十三歲作《復初說》，王艮《復初說》云：「治天下有本，身之謂也。本必端。端本，誠其心而已矣。」〔註 45〕王艮於此指出以身為本的觀念。四十四歲作《明哲保身論》中王艮說「知保身者，則必愛身如寶。能愛身，則不敢不愛人。能愛人，則人必愛我。人愛我，則吾身保矣。」〔註 46〕《復初說》及《明哲保身論》中皆明確指出「身」的重要，狄百瑞指出，心齋認為「王艮所認為自尊，自愛或甚至於私利俱為一切道德之根源。」〔註 47〕若將王艮所說的自愛解釋為私利，又將其重商、詮釋經典等行為置入中國近代主義中個人主義興起的脈絡中來分析，王艮或許標誌著一種近現代的性格。

王艮五十三歲又值歲饑，他又再次發起賑災活動，五十四歲作《勉仁方》云：「夫仁者，以天地萬物為一體，一物不獲其所，即己之不獲其所也，務使獲所而後已。」〔註 48〕五十七歲「時先生多病，四方就學日益眾。先生據榻講論，不少厭倦。」〔註 49〕五十八歲王艮預知時至般的安然逝世。

縱觀王艮一生多次悟道皆指出「萬物一體」的觀念，而功利壞心術，為病根，王艮曾言：

> 今人只為自幼便將功利誘壞心術，所以夾帶病根終身，無出頭處。日用間毫釐不察，便入於功利而不自知，蓋功利陷溺人心久矣。須見得自家一個眞樂，直與天地萬物為一體，然後能宰萬物而主經綸，所謂「樂則天，天則神。」〔註 50〕

安身與道原是一體，雖說「萬物一體」，但保全自身之後，方能保天下國家，兩者有著先後次序，王艮說：

〔註 44〕陳祝生等點校，王艮撰：《王心齋全集》，卷三，年譜，頁 71。

〔註 45〕王艮：〈復初說〉，收入陳祝生等點校，王艮撰：《王心齋全集》，卷一，語錄，頁 28。

〔註 46〕王艮：〈明哲保身論〉，收入陳祝生等點校，王艮撰：《王心齋全集》，卷一，語錄，頁 29。

〔註 47〕狄百瑞著，李弘祺譯：《中國的自由傳統》（香港：中文大學出版社，1983 年），頁 95。

〔註 48〕王艮：〈勉仁方書壁示諸生〉，收入陳祝生等點校，王艮撰：《王心齋全集》，卷一，語錄，頁 30。

〔註 49〕陳祝生等點校，王艮撰：《王心齋全集》，卷三，年譜，頁 76。

〔註 50〕陳祝生等點校，王艮撰：《王心齋全集》，卷一，語錄，頁 18～19。

> 不知安身便去幹天下國家事，是之謂「失本」也。就此失腳，將或烹身、割股、餓死、結纓，且執以爲是矣。不知身不能保，又何以保天下國家哉？〔註 51〕

牟宗三《人文講習錄》中云：「陽明以下，餘如泰州學派等，都是佛儒混雜，帶有邪氣，與佛教禪宗最爲接近。顏山農等都有『赤手搏龍蛇』的本事，任何樊籬都不能約束之，所以成『狂』。此由王艮所開之風氣所使然。」〔註 52〕《四庫全書總目提要》云：

> 竑（焦竑）師耿定向而友李贄。於贄之習氣，沾染尤深，二人相率而爲狂禪。〔註 53〕

《日知錄》亦載：

> 嘉靖以後，從王氏而詆朱子者，始接踵於人間。而王尚書發策謂：「今之學者偶有所窺，則欲盡發先儒之說而出其上；不學，則借一貫之言以文其陋；無行，則逃之性命之鄉，以使人不可詰。」此三言者，盡當日之情事矣。故王門高弟爲泰州、龍溪二人。泰州之學一傳而爲顏山農，再傳而爲羅近溪、趙大洲。龍溪之學一傳而爲何心隱，再傳而爲李卓吾、陶石簣。……以爲一世之患輕，歷代之害重，自喪之惡小，迷眾之罪大。而蘇子瞻謂李斯亂天下，至於焚書坑儒，皆出於其師荀卿高談異論而不顧者也。《困知》之記，《學蔀》之編，固今日中流之砥柱矣。〔註 54〕

王夫之則說：「若近世李贄、鍾惺之流，導天下於邪淫，以釀〔中夏衣冠〕之〔禍〕，豈非適於洪水、烈於猛獸者乎？」。〔註 55〕清初學者將亡國罪名歸之於陽明學之末流，王學背負了清談亡國的罪名，顧炎武說：「以一人而易天下，其流風至於百有餘年之久者，古有之矣。王夷甫之清談，王介甫之新說。其

〔註 51〕陳祝生等點校，王艮撰：《王心齋全集》，卷一，答問補遺，頁 34。

〔註 52〕牟宗三：《人文講習錄》（臺北：臺灣學生書局，1996 年），第十五章，〈王學的歧出〉，頁 71。

〔註 53〕〔清〕永瑢等撰：《四庫全書總目提要》（臺北：臺北商務印書館，1968），第二十冊，卷一百二十五、子部三十五，雜家類存目二，〈焦弱侯問答一卷〉，頁 2621。

〔註 54〕請參〔清〕顧炎武著，黃汝成集釋：《日知錄集釋》（上海：上海古籍出版社，2006 年），中冊，卷 18，〈朱子晚年定論〉，頁 1065。

〔註 55〕〔清〕王夫之：《讀通鑑論》（北京：中華書局，1975 年），卷末，〈敘論三〉，頁 1111。

在於今，則王伯安之良知是也。」〔註 56〕這樣的「三王」之譏諷，主要是針對王學末流的流弊而言，並將禍源歸與王陽明之良知學說。

四、李卓吾的藥病論述

（一）李卓吾論學者痼疾

李卓吾的〈童心說〉曾指出：

> 夫《六經》、《語》、《孟》，非其史官過爲褒崇之詞，則其臣子極爲讚美之語。又不然，則其迂闊門徒，懵懂弟子，記憶師說，有頭無尾，得後遺前，隨其所見，筆之於書。……孰知其大半非聖人之言乎？縱出自聖人，要亦有爲而發，不過因病發藥，隨時處方，以救此一等懵懂弟子，迂闊門徒云耳。藥醫假病，方難定執，是豈可遽以爲萬世之至論乎？〔註 57〕

聖人的本意本是藉言語來因病發藥，《六經》、《論語》、《孟子》等書只是文字的記錄，後人不能執著文字而不再探求眞理意涵，聖人能「因病發藥，隨時處方，以救此一等懵懂弟子」，李卓吾直指凡聖之異，凡夫不能視眾生需要而予以教導，而卓吾對此等迂闊之士極爲不滿。〔註 58〕李卓吾《焚書》的〈自序〉云：「《焚書》，則答知己書問，所言頗切近世學者膏肓，既中其痼疾，則必欲殺我矣，故欲焚之，言當焚而棄之，不可留也。」〔註 59〕李卓吾認爲《焚書》中的直言不諱，將會招來殺生之禍，而卓吾自認能洞見學者膏肓及痼疾，大抵李卓吾對學者的膏肓並不吝以嚴厲的筆鋒指出，與友人論學或論道常以「病」爲喻作爲修辭，李卓吾以「病」指稱未達最高境界者，〈復丘若泰〉一文中，李卓吾說：

> 丘書云：「僕謂丹陽實病。」柳塘云：「何有於病？且要反身默識。識默耶？識病耶？此時若纖念不起，方寸皆空，當是丹陽，但不得

〔註 56〕請參〔清〕顧炎武著，黃汝成集釋：《日知錄集釋》中冊，卷 18，〈朱子晚年定論〉，頁 1068。

〔註 57〕李贄：〈童心說〉，《焚書》，收入《李贄文集》，第一卷，頁 93。

〔註 58〕楊玉成指出：「李卓吾經常提到『因病發藥』，醫藥也變成啓蒙的隱喻，然而用錯藥就變成毒藥，藥就是毒。」楊玉成：〈啓蒙與暴力——李卓吾與文學評點〉，收入黃惠娟主編：《台灣學術新視野——中國文學之部（二）》，頁 971～972。

〔註 59〕李贄：〈自序〉，《焚書》，收入《李贄文集》，第一卷，頁 1。

及此境界耳。」苦海有八，病其一也。既有此身，即有此海；既有此病，即有此苦。丹陽安得而與人異耶？人知病之苦，不知樂之苦——樂者苦之因，樂極則苦生矣。人知病之苦，不知病之樂——苦者樂之因，苦極則樂至矣。苦樂相乘，是輪迴種；因苦得樂，是因緣法。丹陽雖上仙，安能棄輪迴，舍因緣，自脫於人世苦海之外耶？但未嘗不與人同之中，而自然不與人同者，以行糧素具，路頭素明也。此時正在病，只一心護病，豈容更有別念乎？豈容一毫默識工夫參於其間乎？是乃眞第一念也，是乃眞無二念也；是乃眞空也，是乃眞纖念不起，方寸皆空之實境也。非謂必如何空之而後可至丹陽境界也。若要如何，便非實際，便不空矣。〔註 60〕

丘若泰、柳塘（周思久）與李卓吾於此談論的是超脫塵世境界的可能，他們論及馬丹陽的修行境界，馬丹陽爲全眞教王重陽的繼承者，大抵卓吾認爲丹陽的「反身默識」正是處執著清淨，沉溺於樂境未能出離輪迴。李卓吾曾熱衷求道，丹陽正脈亦曾爲訪道對象，他曾說：「自是兩都人物之淵，東南才富之產，陽明先生之徒若孫及臨濟的派、丹陽正脈，但有一言之幾乎道者，皆某所禮參也，不扣盡底蘊固不止矣。」〔註 61〕李卓吾訪道對象儒釋道皆有，與友人間切磋論道時，李卓吾指出丹陽的弊病，他不認同拘守清淨的修行，正如嵇文甫所說：「卓吾、心隱這一流人，常被後儒罵爲狂禪派。……他們所得力的不是枯槁寂滅的禪，而是大活動的禪；也就如梨洲所說，不是如來禪，而是祖師禪。」〔註 62〕道家或有拘守靜寂之處，於此李卓吾並不認同，儒家朱子的主靜說，亦非卓吾所追求之道，李卓吾認爲穿衣吃飯即是道，追求空反而會沾染塵垢，即倫物即可識眞空，非造作能得，李卓吾與鄧石陽多次於朱子、陽明學說之義理有所討論，卓吾說：

兄所教者正朱夫子之學，非虞廷精一之學也。精則一，一則不二，不二則平；一則精，精則不疏，不疏則實。如渠老所見甚的確，非虛也，正眞實地位也；所造甚平易，非高也，正平等境界也。蓋親得趙老之傳者。雖其東西南北，終身馳逐於外，不免遺棄之病，亦

〔註 60〕李贄：〈復丘若泰〉，《焚書》，收入《李贄文集》，第一卷，頁 8～9。
〔註 61〕李贄：〈答何克齋尚書〉，《焚書》，增補一，收入《李贄文集》，第一卷，頁 247。
〔註 62〕嵇文甫：〈李卓吾與左派王學〉，《左派王學》（台北：國文天地雜誌社，1990 年），頁 66。

其跡耳，獨不有所以跡者乎？跡則人人殊，有如面然。面則千萬其人，亦千萬其面矣。人果有千萬者乎？渠惟知其人之無千萬也，是以謂之知本也，是以謂之一也；又知其面之不容不千萬而一聽其自千自萬也，是以謂之至一也，是以謂之大同也。如其跡，則渠老之不同於大老，亦猶大老之不同於心老，心老之不同於陽明老也。若其人，則安有數老之別哉？知數老之不容分別，此數老之學所以能繼千聖之絕，而同歸於「一以貫之」之旨也。……渠正充然滿腹也，而我以畫餅不充疑之；渠正安穩在彼岸也，而我以虛浮無歸宿病之。〔註63〕

在這封信中李卓吾質疑朱子不明虞廷精一之學，〔註64〕亦讚嘆鄧豁渠深得趙大洲之傳承，〔註65〕鄧豁渠是鄧石陽的族人，他雖曾爲趙大洲的弟子，但其後鄧豁渠出家，其所爲在當時頗具爭議。〔註66〕李卓吾認爲鄧豁渠得大洲之傳，趙大洲推崇禪宗，〔註67〕鄧豁渠亦深入佛法修行，但其出家卻未得趙大洲的認可，〔註68〕誠如卓吾所說，鄧豁渠與趙大洲對於實踐人倫或「道」的方式，鄧豁渠因求道所以不免有遺棄世俗之病，但卓吾認爲鄧豁渠爲見道之人，李卓吾

〔註63〕李贄：〈又答鄧石陽太守〉，《焚書》，收入《李贄文集》，第一卷，頁5。

〔註64〕「人心惟危，道心惟微，惟精惟一，允執厥中。」〔漢〕孔安國傳，〔唐〕孔穎達疏：〈大禹謨第三〉，《十三經注疏・尚書正義虞夏商書》（臺北：臺灣古籍出版有限公司，2001年），尚書注疏卷第四，頁112。

〔註65〕李卓吾指出：「心齋之後爲徐波石，爲顏山農。……波石之後爲趙大洲，大洲之後爲鄧豁渠；山農之後爲羅近溪，爲何心隱，心隱之後爲錢懷蘇，爲程後臺：一代高似一代。」李贄：〈爲黃安二上人三首〉，大孝一首，《焚書》，收入《李贄文集》，第一卷，頁74。

〔註66〕鄧紅所收錄的《《南詢錄》校注》收錄記載鄧豁渠生平的的文獻資料，及島田虔次、荒木見悟研究鄧豁渠的論文，能深入瞭解鄧豁渠及時人對鄧豁渠的毀譽。〔明〕鄧豁渠著，鄧紅校注：《《南詢錄》校注》（湖北：武漢理工大學出版社，2008年），頁31。

〔註67〕（趙大洲）答友云：「夫僕之爲禪，自弱冠以來矣，敢欺人哉！公試觀僕之行事立身，於名教有悖謬者乎？則禪之不足以害人明矣。」黃宗義：〈文肅趙大洲先生貞吉〉，收入黃宗義著，沈善洪主編：《黃宗義全集》（浙江：浙江古籍出版社，1985年），冊7，明儒學案，卷33，頁884。

〔註68〕鄧豁渠說：「渠昔落髮出家，鄉人嗟怨趙大洲，說是他坑了我。大洲躲避嫌疑，說不關他事。渠在家講聖學時，極窮困。起巖說：『鄧太湖餓死小。』洲對曰：『桂湖街餓死了一個鄧太湖，也好看。』渠亦曰：『趙大洲坑了一個鄧豁渠，也好看。』」〔明〕鄧豁渠著，鄧紅校注：《南詢錄》校注（湖北：武漢理工大學出版社，2008年），頁31。

甚至將鄧豁渠、趙大洲、何心隱、王陽明等相提並論，卓吾認爲，在踐跡方面趙大洲與何心隱、陽明等師徒於道的實踐方式有所不同，但「一以貫之」之大旨則相同也。卓吾甚至認爲鄧豁渠正安穩在彼岸也，而自己尚「虛浮無歸宿病之」。〔註69〕卓吾與黃安二上人的書信中提到自己對鄧豁渠的忻慕，卓吾說：

> 其師弟恐師兄徒知皈依西方而不知自性西方也，故常述其師稱讚鄧豁渠之語於師兄之前，其師兄亦知師弟之託意婉也，亦信念佛即參禪，而不可以徒爲念佛之計。……故吾因此時時論及鄧豁渠，又推豁渠師友之所自。二上人喜甚，以爲我雖忝爲豁渠之孫，而竟不知豁渠之所自，今得先生開示，宛然如在豁渠師祖之旁，又因以得聞陽明、心齋先生之所以授受，其快活無量何如也！〔註70〕

據此信，可知卓吾認爲鄧豁渠所見是自性西方，黃安二上人常以鄧豁渠語自證修行，參禪即念佛不可偏廢，卓吾自稱爲鄧豁渠弟子，而卓吾對鄧豁渠學說的領悟則是透過二上人開示方知，李卓吾尊鄧豁渠爲師祖，卓吾認爲鄧豁渠深得陽明、心齋之法脈。李卓吾在〈復鄧石陽〉這封長信中感慨說明自己盡了世間人倫義務之後，爲了卻人生大事而棄官入楚，卓吾感嘆自身未曾自棄於人倫之外者，〔註71〕李卓吾說：「蓋老丈專爲上上人說，恐其過高，或有遺棄之病；弟則眞爲下下人說，恐其沈溺而不能出。」〔註72〕「遺棄之病」所說應是鄧豁渠或有遺棄人倫之病，但卓吾極力爲鄧豁渠辯護，故指出鄧石陽陳義過高亦有遺棄之病，鄧豁渠絕棄人世剃髮出家，李卓吾以佛陀、老子、孔子爲例，說明「遺棄之病」雖聖賢亦難免，卓吾說：

〔註69〕李卓吾〈又答耿中丞〉一文中亦提及鄧豁渠出家之事，卓吾說：「以今觀公，實未足爲渠之知己。夫渠欲與公相從於形骸之外，而公乃索之於形骸之內，嘵嘵焉欲以口舌辯說渠之是非，以爲足以厚相知，而答責望於我者之深意，則大謬矣！」李贄：〈又答耿中丞〉，《焚書》，收入《李贄文集》，第一卷，頁17。

〔註70〕李贄：〈爲黃安二上人三首〉，大孝一首，《焚書》，收入《李贄文集》，第一卷，頁74。

〔註71〕李卓吾說：「既幸雙親歸土，弟妹七人婚嫁各畢。各幸而不缺衣食，各生兒孫。獨余連生四男三女，惟留一女在耳。而年逼耳順，體素羸弱，以爲弟侄已滿目，可以無歉矣，遂自安慰焉。蓋所謂欲之而不能，非能之而自不欲也。惟此一件人生大事未能明了，心下時時煩懣，故遂棄官入楚，事善知識以求少得。蓋皆陷溺之久，老而始覺，絕未曾自棄於人倫之外者。」李贄：〈復鄧石陽〉，《焚書》，收入《李贄文集》，第一卷，頁9。

〔註72〕李贄：〈復鄧石陽〉，《焚書》，收入《李贄文集》，第一卷，頁9。

> 夫黃面老瞿曇，少而出家者也；李耳厭薄衰周，亦遂西遊不返，老而後出家者也。獨孔子老在家耳，然終身周流，不暇暖席，則在家時亦無幾矣，……豈三聖人於此，顧爲輕於功名妻子哉？恐亦未免遺棄之病哉！然則渠上人之罪過，亦未能遽定也。〔註73〕

趙大洲曾寫信給胡直並極力指控鄧豁渠之非，卓吾認爲趙大洲只是「因病發藥，因時治病」，並非眞正不滿鄧豁渠，卓吾說：

> 趙老與胡氏書，極詆渠之非曰：「雲水瓢笠之中，作此乞墦登壟之態。」覽教至此，不覺泫然！斯言毒害，實刺我心，我與彼得無盡墮其中而不自知者乎？當時胡氏必以致仕爲高品，輕功名富貴爲善學者，故此老痛責渠之非以曉之，所謂言不怒，則聽者不入是也。今夫人人盡知求富貴利達者之爲乞墦矣，而孰知雲水瓢笠之眾，皆乞墦耶！使胡氏思之，得無知斯道之大，而不專在於輕功名富貴之間乎？然使趙老而別與溺於富貴功名之人言之，則又不如此矣。所謂因病發藥，因時治病，不得一概，此道之所以爲大也。吾謂趙老眞聖人也。渠當終身依歸，而奈何其遽舍之而遠去耶！然要之各從所好，不可以我之意而必渠之同此意也。獨念乞墦之辱，心實恥之，而卒不得免者何居？意者或借聞見以爲聰明，或藉耳目以爲心腹歟！或憑冊籍以爲斷案，或依孔、佛以爲泰山歟！有一於此，我乃齊人，又安能笑彼渠也。此弟之所痛而苦也。兄其何以教之？〔註74〕

趙大洲說鄧豁渠「雲水瓢笠之中，作此乞墦登壟之態。」此語在卓吾聽來是一種「毒害」，李卓吾爲鄧豁渠緩頰，卓吾認爲趙大洲非眞心斥責鄧豁渠，必定「當時胡氏必以致仕分高品，輕功名富貴爲善學者」，卓吾認爲，趙大洲以鄧豁渠爲負面教材教育胡直，要讓胡直知道不只專在於輕功名富貴。卓吾以反言道出俗人盲點，出家是否便不能恪盡親情倫理，在養兒防病、防老的觀念下，出家是棄置人倫的，但此亦盲點，亦有爲功名利祿而棄置人倫者，又奔喪守禮有時只是爲了「展演」孝道，卓吾這麼說：

> 一出家即棄父母矣。所貴於有子者，謂其臨老得力耳。蓋人既老，便自有許多疾病。苟有子，則老來得力，病困時得力，臥床難移動時得力，奉侍湯藥時得力，五內分割、痛苦難忍時得力，臨終嗚咽、

〔註73〕李贄：〈復鄧石陽〉，《焚書》，收入《李贄文集》，第一卷，頁12。

〔註74〕李贄：〈復鄧石陽〉，《焚書》，收入《李贄文集》，第一卷，頁10。

> 分付訣別、聲氣垂絕時得力。若此時不得力，則與無子等矣，又何在於奔喪守禮，以爲他人之觀乎？往往見今世學道聖人，先覺士大夫，或父母八十有餘，猶聞拜疾趨，全不念風中之燭，滅在俄頃。無他，急功名而忘其親也。此之不責，而反責彼出家兒，是爲大惑，足稱顛倒見矣。〔註 75〕

李卓吾對倫理的反省及言行招致狂者、狂禪的批判，亦擔負亡國罪名，至民國以後林紓（1852～1924）仍舊將禽獸名賦予卓吾，在林紓寫給蔡元培的信中暗指魯迅與李卓吾同類，他說：

> 方今人心喪敝，已在無可救挽之時，更侈奇創之談，用以嘩眾，……必覆孔孟、鏟倫常爲快。嗚呼！因童子之羸困，不求良醫，乃追責其二親之有隱瘵逐之，而童子可以日就肥澤，有是理耶？……乃近來尤有所謂新道德者，斥父母爲自感情慾，於己無恩。此語曾一見之隨園文中，僕方以爲擬於不倫，斥袁枚爲狂謬，不圖竟有用爲講學者！人頭畜鳴，辯不屑辯，置之可也。彼又云：武曌爲聖王，卓文君爲名媛，此亦拾李卓吾之餘唾。卓吾有禽獸行，故發是言。〔註 76〕

魯迅思考的重點在於改革中國家庭及倫常，魯迅要推翻的理與李卓吾所欲推翻理有著異曲同工之妙，順理成章不容質疑的理往往能殺人，稍加質疑「理」便能輕易得了「鏟倫常」、「禽獸行」的惡名。〔註 77〕李卓吾啓蒙形象影響至民初仍深植人心，其評價兩極從中可以見出。

（二）心滅罪亡病亦瘳——李卓吾佛學的藥

李卓吾《四書評》曾把習氣比喻成「病痛」、把識（覺照）比爲藥，「識得病，便是藥。」〔註 78〕自覺就是一種藥，孔子引導弟子自覺、修改習氣，

〔註 75〕李贄：〈復鄧石陽〉，《焚書》，收入《李贄文集》，第一卷，頁 12。

〔註 76〕林紓：〈答大學堂校長蔡鶴卿太史書〉，收入《林紓文選》。

〔註 77〕魯迅要中國人覺醒，他所要醫治的是「退嬰」，也就是頹廢的病根，魯迅〈我們現在怎樣做父親〉中提到疾病的遺傳固然可怕，但更可怕的是精神缺點的遺傳。魯迅的短篇小說《藥》，寫的是愚夫愚婦把蘸著革命烈士——夏瑜鮮血的饅頭當作治療癆病的偏方，他們相信「這樣的人血饅頭，什麼癆病都包好！」但終究徒勞無功，魯迅的《藥》在在隱喻國人愚昧無知之病。

〔註 78〕李贄於《論語》：「柴也愚，參也魯，師也辟，由也喭。」之處眉批：「好喝！」並評爲：「識得病，便是藥。」此處卓吾提出孔門門生需相互參學之處，並有要人自我警醒、覺察之意。請參李贄：《李贄文集》，第五卷，《四書評》，頁 61。

這近似於佛家的思維模式，追溯李卓吾生平，由年少時的厭惡道人、僧人、道學先生到四十歲深入陽明學至六十二歲出家修道，其把孔子視為「良醫」之比賦、譬喻深受佛學影響。佛法上稱佛陀為大醫王，能因病給藥，如《維摩詰所說經》中，認為佛「為大醫王，善療眾病，應病與藥，令得服行」，其中〈文殊師利問疾品第五〉云：

> 爾時，文殊師利問維摩詰言：「菩薩應云何慰喻有疾菩薩？」維摩詰言：「說身無常，不說厭離於身；說身有苦，不說樂於涅槃；說身無我，而說教導眾生；說身空寂，不說畢竟寂滅；說悔先罪，而不說入於過去；以己之疾，愍於彼疾；當識宿世無數劫苦，當念饒益一切眾生；憶所修福，念於淨命，勿生憂惱，常起精進；當作醫王，療治眾病。菩薩應如是慰喻有疾菩薩，令其歡喜。」

維摩詰以醫王之形象療癒有疾菩薩，《維摩詰經》的「不二法門」思想，對禪宗的「不二」思想影響甚鉅。李卓吾曾作《淨土決》，書中對維摩大士「心淨則佛土淨」的思想頗有闡述，參禪念佛者自淨其心，當下即是淨土，禪、淨不二，李卓吾說：

> 維摩大士云：「隨其心淨，則佛土淨。」阿彌陀佛極樂國土者，土之淨也。念阿彌陀佛極樂國土者，心之淨也。念阿彌陀佛極樂國土，便生阿彌陀佛極樂國土者。隨其心淨則佛土淨也。然則念佛者，念此淨土也。參禪者，參此淨土也。果何以別乎？故念佛者，必定往生淨土矣。參禪者，亦豈能舍此淨土，而別有所往耶？若別有所往，是二土也，非淨也。阿彌陀佛極樂國土，不容如是也。參禪者，固不待往生矣。念佛者。亦豈待有所往而後生耶？若必待有所往而後生，則是此以念佛而往彼，彼以念我而來此。一來一往，亦是二土也，非淨也。阿彌陀佛極樂國土，亦不容如是也。故知阿彌陀佛淨土，即自心淨土。念佛參禪，即所以自淨其心。奉勸諸學者，無高視禪客。而輕目淨土也，故集諸上聖勸人修淨土之語，而合之以為《淨土決》。

李卓吾六十二歲落髮出家，雖然他說：「夫卓吾子之落髮也有故，故雖落髮為僧，而實儒也。」〔註 79〕雖為儒者，但也確信拜佛能解除身體病痛，卓吾晚

〔註 79〕李贄：〈初潭集序〉，《李贄文集》（北京：社會科學文獻出版社，2000 年），第五卷，頁 1。

年深受病苦折磨，於是禮誦藥師佛。雖然在萬曆十四年（1586）李卓吾已然五十九歲，還曾告訴周思久，心靈的愉快可使肉體超越病痛，他說：

> 我於丙戌之春，脾病載餘，幾成老廢，百計調理，藥轉無效。及家屬既歸，獨身在楚，時時出遊，恣意所適。然後飽悶自消，不須山查導化之劑；鬱火自降，不用蔘蓍扶元之藥。未及半載，而故吾復矣。乃知眞藥非假金石，疾病多因牽強，則到處從眾攜手聽歌，自是吾自取適，極樂眞機，無一毫虛假掩覆之病，故假病自瘳耳。〔註80〕

李卓吾晚年常提到身體病痛之苦，除了上述以心靈超越疾病之苦外，卓吾於〈禮誦藥師告文〉提到他以佛門懺法解除病苦，此告文中他一方面讚嘆藥師佛的大願，另一方面他自嘲無益於世卻長壽，業緣已了此生無憾可死矣，他說：

> 余兩年來，病苦甚多。通計人生大數，如我之年，已是死期。既是死期，便與以死，乃爲正理，如何不賜我死，反賜我病乎？夫所以賜之病苦者，謂其數未至死，尚欲留之在世，故假病以苦之，使之不得過於自在快活也。若我則該死之人：壽至古稀，一可死也；無益於世，二可死也；凡人在世，或有未了業緣，如我則絕無可了，三可死也。有此三可死，乃不即我死，而更苦我病，何也？聞東方有藥師琉璃光王佛發大弘願，救拔病苦眾生，使之疾病涅槃。卓吾和尚於是普告大眾，趁此一百二十日期會，諷經拜懺道場，就此十月十五日起，先諷《藥師經》一部四十九卷，爲我祈求免病。……願大眾爲我誠心念誦，每月以朔望日念此經，共九朔望，念經九部。嗚呼！誦經至九部，不可謂不多矣；大眾之殷勤，不可謂不虔矣。如是而不應焉，未之有也。但可死，不可病。苦口叮嚀，至三再三，願佛聽之！〔註81〕

李卓吾七十六歲這年自刎於獄中，這篇告文中卓吾提到自己已「壽至古稀」，可見這是他生命最後六年中所寫，此告文中依稀可見出一位垂垂老矣的老人受病苦折磨，故諷經拜懺祈求減輕痛苦，《藥師琉璃光如來本願功德經》中載藥

〔註80〕 李贄：〈答周柳塘〉，《李贄文集》，第一卷，頁254。

〔註81〕 李贄：〈禮誦藥師告文〉，《焚書》，收入《李贄文集》，第一卷，頁139～140。

師佛十二大願中的第六、〔註82〕第七大願，〔註83〕爲聞藥師佛名即能治癒疾病的記載，佛藥師又名「十二大願王善逝」〔註84〕能治眾生病苦，李卓吾率領大眾誦經九部，逢朔、望日即誦經，卓吾立陳修行藥師法門所得到的效驗，他說：

> 和尚爲倖免病喘，結經謝佛事。念今日是正月十五之望日，九朔望至今日是爲已足，九部經於今日是爲已完。誦經方至兩部，我喘病即減九分；再誦未及四部，我忍口便能齋素。齋素既久，喘病癒痊；喘病既痊，齋素益喜。此非佛力，我安能然？雖諷經眾僧虔恪無比，實藥王菩薩憐憫重深，和尚不勝禮謝禱告之至。和尚再告：有小僧常通見藥師如來即癒我疾，亦便發心，隨壇接諷，祈瘡口之速合。乃肅躬而致虔，以此月十六之朝，請大眾諷經一部。〔註85〕

李卓吾不僅身體力行諷經醫病之感應，卓吾的藥師法會從十月十五日起至翌年正月十五日，至少歷經三個月。〔註86〕李卓吾由喘病漸次痊癒能齋素，由齋素進而使喘病痊癒，此時卓吾齋素益喜，他虔信一切都是佛力加持使然，雖然〈與李惟清〉一文中，卓吾說：

> 所諭禁殺生事，即當如命戒殺。又謂僕性氣重者，此則僕膏肓之疾，從今聞教，即有瘳矣。第亦未可全戒，未可全瘳。若全戒全瘳，即不得入阿修羅之域，與毒龍魔王等爲侶矣。〔註87〕

李卓吾欲與毒龍魔王爲侶，這是卓吾一貫的戲謔語，另一方面也揭示卓吾思想中的佛魔不二思想，但卓吾深信進行宗教儀軌及齋素能治癒疾病亦是不可

〔註82〕第六大願：願我來世得菩提時，若有眾生，其身下劣諸根不具，醜陋、頑愚、聾、盲、跛躄、身攣背傴白癩癲狂，若復有餘種種身病。聞我名已，一切皆得諸根具足身分成滿。

〔註83〕第七大願：願我來世得菩提時，若有眾生，諸患逼切無護無依無有住處。遠離一切資生醫藥，又無親屬貧窮可愍。此人若得聞我名號。眾患悉除無諸痛惱。乃至究竟無上菩提。

〔註84〕「十二大願醫王善逝」：即藥師如來，藥師又稱醫王、善逝，諸佛十號之一，猶言如來。藥師如來發十二大願，救眾生之病源，治無明之痼疾，如醫王之王，故稱之。慈怡主編：《佛光大辭典》（台北：佛光文化事業有限公司，2002年），第一冊，〈十二大願醫王善逝〉，頁331。

〔註85〕李贄：〈禮誦藥師經畢告文〉，《焚書》，收入《李贄文集》，第一卷，頁141～142。

〔註86〕案：若朔望拜之需四個月方能完成九部藥師經的修持，若十月十五日起，應該至二月十五日方能圓滿。

〔註87〕李贄：〈與李惟清〉，《焚書》，收入《李贄文集》，第一卷，頁57。

忽略的。與卓吾同在龍湖修行的和尚常通見卓吾拜佛之感應奇蹟，亦祈其瘡口痊癒，於正月十六日接續卓吾正月十五圓滿的諷經法事，常通和尚所拜的是水懺，卓吾亦曾爲常通撰寫告文，其文曰：

> 龍湖僧常通，爲因病瘡苦惱，禮拜水懺，祈佛慈悲事。重念常通自從出家，即依三寶。叵耐兩年以來，痰瘤作祟，瘡疼久纏，醫藥徒施，歲月靡效。咸謂必有冤業，恐非肉眼能醫；倘求一時解除，須對法王懺悔。……歷觀前劫，想不能如悟達師之戒律精勤，重重十世以爲高僧；……彼已往其奈之何，恐將來當墮無間。所賴眾弟兄等同心一意，頓興灸艾分痛之眞情；因病生憐，遂起借花獻佛之妄念。以是吉日，禮拜懺文。仗諸佛爲證明，一懺更不再懺；對大眾而發誓，此身即非舊身。……伏願大慈大悲，曲加湔刷；大雄大力，直爲洗除，法水暗消，瘡口自合。此蓋佛菩薩憫念保持之恩，與眾弟兄殷勤禮拜之致也。〔註 88〕

《三昧水懺》爲唐代悟達國師所作，悟達國師名聲未顯時，曾照顧罹患迦摩羅疾（不可治之病）的迦諾迦尊者，迦諾迦尊者爲報恩，日後悟達國師長人面瘡而求助於迦諾迦尊者，在了知宿世因果之後，悟達國師以三昧法水治癒了人面瘡。由此見出，李卓吾非高談義理的狂禪者，甚至十分注重修行的漸修法門，如上所言諸如：拜懺、誦經、持戒等漸修法門。

五、錢謙益爲佛門開出的藥方

（一）繼承萬曆三大師之志

在佛學方面，〔註 89〕錢謙益認爲明末的佛教界充斥著亂象，錢謙益說：「竟陵之詩與西國之教、三峰之禪，旁午發作，並爲孽于斯世，後有傳洪範五行者，固將大書特書著其事應，豈過論哉！」〔註 90〕錢謙益將竟陵之詩、西國之教、三峰之禪當做魔障，錢謙益對於宗教界有所針砭，他說：

〔註 88〕李贄：〈代常通病僧告文〉，《焚書》，收入《李贄文集》，第一卷，頁 141。

〔註 89〕連瑞枝對錢謙益的佛學研究有深入且全面的探討，請參連瑞枝：《錢謙益與明末清初的佛教》（新竹：清華大學歷史研究所碩士論文，1993 年）。連瑞枝：〈錢謙益的佛教生涯與理念〉，《中華佛學學報》，1994 年，第 7 期，頁 315～371。

〔註 90〕錢謙益撰：《列朝詩集小傳》（上海：上海古籍出版社，2008 年），下冊，〈譚解元元春〉，頁 572。

> 今世法幢倒折，魔外盛行。波旬之屬，儼作導師。師子之蟲，推爲龍象。聾聚聾而擊鼓，瞽扶瞽以拍肩。……佛法之淩夷，可謂至於斯極者矣。〔註 91〕

在錢謙益的眼中，明末的佛教界充斥著魔，所謂師子之蟲，竟成爲佛門龍象。在佛學方面，錢謙益認爲尊崇經典能治療佛門弊病、眾生狂病的良藥，但是，有時藥也是毒，中藥毒者亦需治療，錢謙益說：

> 居今之世，而欲樹末法之津梁，救眾生之狂易。非反經明教，遵古德之遺規，其道無繇也。夫佛法如大地之載眾生，從地倒者須從地起。經教爲藥草之療百病，中藥毒者還用藥攻。〔註 92〕

對於錢謙益而言，弘揚天台宗及賢首宗其目的都是爲了力挽晚明的狂禪氛圍，藥有補藥也有瀉藥，錢謙益指出：僧史兼具瀉藥與補藥的功能，瀉藥能排除體內毒素，正如僧史能破野狐妖精，補藥能滋養身體，正如僧史能立佛門典範，他說：「《傳燈》之源流既明，一切野狐惡，又不攻而自破矣。……兵之有交有攻，藥之有泄有補，皆此志也。」〔註 93〕

晚明的狂禪弊病叢生，錢謙益論佛門問題時常以「病」爲喻，述其所見佛門概況，錢謙益對復興佛門的主張，深受萬曆三大師影響，因此先瞭解萬曆三大師與明末佛教的復興運動，較能瞭解錢謙益之用心。

錢謙益認爲佛教界的領導人物是非常重要的，他稱萬曆三大師——紫柏眞可（又稱達觀 1543～1603）、雲棲（又稱蓮池祩宏，1535～1615）、憨山德清（1546～1623）——爲當世之醫王，三大師弘宗演教之方式不同，爲因病給藥的結果，錢謙益說：

> 萬曆年中，諸方有三大和尚，各樹法幢：紫柏以宗，雲棲以律，憨山以教。三家門庭稍別，而指歸未嘗不一。譬之近世名醫，其亦猶東垣、河間、丹溪之診治，不執一方，而能隨方療病者歟？〔註 94〕

〔註 91〕錢謙益：〈北禪寺興造募緣疏〉，收入錢謙益著，錢曾箋注，錢仲聯標校：《錢牧齋全集》，冊 3，牧齋初學集，卷 81，頁 1729。

〔註 92〕錢謙益：〈北禪寺興造募緣疏〉，收入錢謙益著，錢曾箋注，錢仲聯標校：《錢牧齋全集》，冊 3，牧齋初學集，卷 81，頁 1729。

〔註 93〕錢謙益：〈題佛海上人卷・又題〉，收入錢謙益著，錢曾箋注，錢仲聯標校：《錢牧齋全集》，冊 3，牧齋初學集，卷 86，頁 1809～1810。

〔註 94〕錢謙益：〈天台山天封寺修造募緣疏〉，收入錢謙益著，錢曾箋注，錢仲聯標校：《錢牧齋全集》，冊 3，牧齋初學集，卷 81，頁 1724。

三大師相繼寂滅之後，佛門有了諸多亂象，如：「上堂下座，戲比俳優。瞎棒盲拳，病同狂易。聾瞽相尋，愈趨愈下。師巫邪說，施符呪棗，亦皆借口參禪，誑惑愚昧。」〔註 95〕這些亂象與狂禪有關，禪宗祖師接待學人，常常當頭一棒或大聲一喝，使人開悟，但後世邪師橫行，使得禪法淪爲戲法、口頭禪，不能眞正實踐佛法，導致以盲導盲。，錢謙益常以盲病指稱佛門中的病象，他指出紫柏大師、雲棲大師辭世之後，憨山大師繼承正法眼之導師地位，憨山大師曾「赴紫柏之葬于雙徑，吊蓮池于雲棲，結庵廬山五乳峯下，效遠公六時刻漏，專修淨業。」〔註 96〕紫柏尊者及蓮池大師寂滅後，憨山大師更加精進修行，當時佛門尚有憨山爲導師，然憨山大師化去之後，「盲子據狻猊之坐，魔民稱人天之師。聚盲導瞽，居之不移。」〔註 97〕禪宗之大興與宗師之現世有關，倘若缺乏明師而徒具禪宗參禪之模式，則易引盲導盲並進一步破壞禪法。更有甚者，所謂「魔民稱人天之師」，領導者以盲導瞽會徹底毀壞禪法，其危害更大。錢謙益指出佛門中的魔障以及以盲導盲的病症，急需有藥方救之。雲棲在世時狂禪問題已極盛，錢謙益《列朝詩集》載：

> 人稱雲棲布薩精嚴，傑出諸方，念佛專勤，遠追蓮社，而不知其砥狂禪、措末法，深心密慮，人固未易測也。住山三十餘年，以乙卯七月別眾示寂，臨行張目云：「老實念佛，勿揑怪，勿壞我規矩。」向西念佛而逝，全身塔于五雲山之麓。〔註 98〕

雲棲大師以提倡淨土法門杜絕狂禪弊病，雲棲大師臨終前展示了生死自在即是一明證。萬曆三大師中，雲棲被奉爲中國淨土宗第八代祖師，亦精通華嚴與禪宗，曾編輯《禪關策進》指示學人如何參禪用功，其《竹窗隨筆》〈廣覽〉中曾說：

〔註 95〕 錢謙益：〈天台山天封寺修造募緣疏〉，收入錢謙益著，錢曾箋注，錢仲聯標校：《錢牧齋全集》，冊 3，牧齋初學集，卷 81，頁 1724。雲棲大師的《竹窗隨筆》〈妄拈古德機緣〉中亦提到明末參禪之弊，雲棲大師說：「古人一問一答，皆從眞實了悟中來；今人馳騁口頭三昧，明眼人前，似藥汞之入紅爐，妖邪之遇白澤耳。若不禁止，東豎一拳，西下一喝，此作一偈，彼說一頌，如風（瘋）如狂，如戲如謔，虛頭熾而實踐亡，子以爲宗門復興，吾以爲佛法大壞也。」錢謙益的擔憂實與雲棲大師相同。

〔註 96〕 錢謙益著：《列朝詩集小傳》，下冊，〈憨山大師清公〉，頁 699。

〔註 97〕 錢謙益：〈憨山大師眞贊〉，收入錢謙益著，錢曾箋注，錢仲聯標校：《錢牧齋全集》，冊 3，牧齋初學集，卷 82，頁 1735。

〔註 98〕 錢謙益著：《列朝詩集小傳》，下冊，〈蓮池律師宏公〉，頁 702～703。

> 執淨土非禪宗，執有爲非無爲，亦復如是。喻如讀醫書不廣者，但見治寒用桂附而斥芩連，治虛用參耆而斥枳朴，不知芩連枳朴亦有時當用，而桂附參耆亦有時當斥也。是故執醫之一方者誤色身，執經之一義者誤慧命。予嘗謂《六祖壇經》不可使無智人觀之，正慮其執此而廢彼也。

雲棲告誡門人不可執著單一法門，禪淨可兼修，並以醫書爲喻，說明善醫者能熟稔各種藥方並應病給藥治癒病人，若對經文產生執著則會耽誤慧命，因此雲棲說：「《六祖壇經》不可使無智人觀之。」他擔心的正是禪宗漸漸淪爲口頭禪，漸修功夫遭到偏廢，雲棲所提倡的是強調離欲漸修的《四十二章經》及《佛遺教經》，並將此二部經典視爲「末法救病之良藥」。〔註 99〕雲棲大師的《竹窗隨筆》〈曹溪不斷思想〉記載了這樣一則對話：

> 有誦六祖偈云：「惠能沒伎倆，不斷百思想，對境心數起，菩提作麼長。」揚揚自謂得旨，便擬縱心任身，一切無礙。坐中一居士斥之曰：「大師此偈，藥臥輪能斷思想之病也。爾未有是病，妄服是藥，是藥反成病。」善哉言乎！今更爲一喻：曹溪之不斷百思想，明鏡之不斷萬像也；今人之不斷百思想，素縑之不斷五采也。曹溪之對境心數起，空谷之遇呼而聲起也；今人之對境心數起，枯木之遇火而煙起也。不揣己而自附於先聖者，試閒處一思之。

對照《六祖壇經》可知臥輪禪師所作的偈子爲：「臥輪有伎倆，能斷百思想，對境心不起，菩提日日長。」禪宗六祖惠能爲了破臥輪禪師的法執而作偈云：「惠能沒伎倆，不斷百思想，對境心數起，菩提作麼長。」臥輪禪師未見惠能大師之前已能心不起妄念，可知臥輪禪師已有深刻的修行體悟，但初學者若忽略「斷百思想」的漸修工夫則易產生「躐等」之弊。雲棲在世時力闢狂禪，然狂禪問題在大師寂滅之後，不僅未改善反而變本加厲日趨衰敗，錢謙

〔註 99〕雲棲大師《竹窗隨筆》〈四十二章經遺教經〉中記載：「漢明帝夜夢金人，遺使天竺，得佛經四十二章，此聖教東流入震旦之始也。今以其言近，僧不誦持，法師不陞座爲人講演。夫此經言不專近，有遠者，有言近而旨遠者，人自不察也。又遺教經，乃如來入滅最後之要語，喻人世所謂遺囑也。子孫昧宗祖創始之來源，是忘本也；子孫背父母臨沒之遺囑，是不孝也。爲僧者胡弗思也？愚按二經實末法救病之良藥，不可忽，不可忽！」蓋《四十二章經》由淺入深，闡明從小乘到大乘的修行眞義，並強調斷欲、去貪等戒律議題。《佛遺教經》旨在闡明佛家的戒、定、慧三學。《四十二章經》及《佛遺教經》皆注重漸修，可視爲末法弊病之良藥。

益寫於辛巳年的〈書西溪濟舟長老冊子〉一文提到當世狂禪盛行的景況：

> 余惟今世狂禪盛行，宗教交喪，一庵院便有一尊祖師，一祖師便刻一部語錄。吟詩作偈，拈斤播兩，盲聾喑啞，互相讚歎。架大屋，養閒漢。展轉牽勸，慧命斷絕，同陷於泥犁獄中，披毛戴角，宿業未艾，良可憫也！〔註 100〕

錢謙益讚賞濟舟長老能繼承雲棲志業弘揚淨土宗，錢謙益說：「師能守雲棲家法，持戒護生，專勤淨業，肯堂肯構，爲雲棲荷擔兒孫。」〔註 101〕此文寫於辛巳年（1641），明亡前三年，此時雲棲已寂滅二十六年。

在萬曆三大師中，錢謙益讚憨山大師與紫柏尊者爲英雄，錢謙益說：「大師與紫柏尊者，皆以英雄不世出之資，當獅絃絕響之候，捨身爲法，一車兩輪。」〔註 102〕憨山大師與紫柏尊者爲至交，萬曆二十三年（1595），憨山被誣因「私造寺院」而入獄，並遭「遣戍雷陽」，錢謙益《列朝詩集》記載了這段大師遭流放的歷史：

> 以丙申二月抵戍所，癘飢三年，白骨蔽野，如坐屍陀林中，遂成《楞伽筆記》，赭衣見大帥，執戟轅門，效大慧冠巾說法。乃搆丈室於行間，時與諸來弟子作夢幻佛事，乃以金鼓爲鐘磬，以旗幟爲幡幢，以刁斗爲鉢盂，以長戈爲錫杖，以三軍爲法侶，以行伍爲清規，以吶喊爲潮音，以參謁爲禮拜，以諸魔爲眷屬，居然一大道場也。
>
> 〔註 103〕

萬曆二十三年（1596）年，憨山大師流放至雷陽時，當地恰好鬧災荒、瘟疫，死亡者白骨之多，猶如棄屍之屍陀林，憨山大師遂於雷陽仿效大慧禪師穿著囚服弘法。紫柏尊者將營救憨山大師視爲人生中的重責大任，他說：「海印（憨山）不歸，我爲法一大負；礦稅不止，我救世一大負；傳燈錄不續，我慧命一大負，捨此一具貧骨，釋此三負，不復走王舍城矣。」錢謙益將憨山大師比爲大慧禪師（宗杲，1089～1163），憨山大師亦將紫柏尊者喻爲大慧禪師，《列朝詩集》載：

〔註 100〕錢謙益：〈書西溪濟舟長老冊子〉，收入錢謙益著，錢曾箋注，錢仲聯標校：《錢牧齋全集》，冊 3，牧齋初學集，卷 81，頁 1732。

〔註 101〕錢謙益：〈書西溪濟舟長老冊子〉，收入錢謙益著，錢曾箋注，錢仲聯標校：《錢牧齋全集》，冊 3，牧齋初學集，卷 81，頁 1732。

〔註 102〕錢謙益：〈憨山大師夢遊全集序〉，收入錢謙益著，錢曾箋注，錢仲聯標校：《錢牧齋全集》，冊 5，牧齋有學集，卷 21，頁 870。

〔註 103〕錢謙益著：《列朝詩集小傳》，下冊，〈憨山大師清公〉，頁 699。

余嘗問憨山大師：「紫柏何如人也？」師曰：「悲願利生，弘護三寶，是名應身大士，其見地直捷穩密，足可遠追臨濟，上接大慧。」〔註 104〕

大慧禪師於宋高宗紹興十一年（1141）主張對金朝發動戰爭，並在岳飛被處死之後遭流放至衡州，紹興二十年，又遭秦檜猜忌再度被流放至梅州。憨山大師與紫柏尊者的入世精神與大慧禪師相仿，錢謙益晚年面對改朝換代之困境，他將大慧禪師所說的「予雖學佛者，然愛君憂國之心，與忠義士大夫等。」〔註 105〕之說奉爲圭臬，他把不忠不義者喻爲斷滅佛性之人，把忠義士大夫視爲菩薩的示現，錢謙益說：「忠孝，佛性也。忠臣孝子，佛種也。未有忠臣孝子不具佛性者，未有臣不忠子不孝而不斷佛種者。」〔註 106〕錢謙益把不忠不義者喻爲斷滅佛性之人，把忠義士大夫身視爲菩薩的示現，這是錢謙益晚年極力建構的價值觀，錢謙益提出另一套說法，他把佛性結合忠義，如此忠義的正統再度確立，其忠於明朝的正當性又再度的「牢不可破」，天子的正統性確立了之後，宰臣、僧徒必需善加護持，方爲佛法大意，錢謙益說：「爲僧徒者，守正法不染邪法；爲宰官者，護正法而不護邪法。斯不負如來付囑之意。」〔註 107〕明亡之後，新的轉輪聖王誕生了，錢謙益雖然降清成了「貳臣」，卻私密的從事反清復明的工作，錢謙益對新的轉輪聖王不加以護持，這是錢謙益與一己的相互矛盾之處，但亦有解套之方，錢謙曾以慧遠轉世自居，東晉慧遠（334～416）著有《沙門不敬王者論》，〔註 108〕闡述沙門是方外之士，不受方內（世俗）權力所管控，周伯戡指出：

《沙門不敬王者論》是一篇有系統的論文。全文分成五段：在家第一，出家第二，求宗不順化第三，體極不兼應第四，形盡神不滅第五。在論證上，他把在家的居士與出家的僧侶分開。根據佛教對居士的看法，慧遠同意桓玄的說法，在家居士應向君王敬拜。但他認

〔註 104〕錢謙益著：《列朝詩集小傳》，下冊，〈紫栢大師可公〉，頁 701～702。

〔註 105〕錢謙益：〈山翁禪師文集序〉，收入錢謙益著，錢曾箋注，錢仲聯標校：《錢牧齋全集》，冊 5，牧齋有學集，卷 21，頁 876。

〔註 106〕錢謙益：〈贈雙白居士序〉，收入錢謙益著，錢曾箋注，錢仲聯標校：《錢牧齋全集》，冊 5，牧齋有學集，卷 22，頁 911。

〔註 107〕錢謙益：《錢牧齋全集》，《牧齋初學集》，卷 42，〈武林重修報國院記〉，頁 1111。

〔註 108〕〔東晉〕慧遠著：《沙門不敬王者論》五篇并序，收於〔梁〕釋僧佑著：《弘明集》，（台北：新興書局，1960 年）。

爲出家的沙門不是屬世之人，不應該向君王敬拜，從第三節至第五節，慧遠從理論上分析他這個觀點。整篇論文的主旨是在尊重王權消弭桓玄對佛教的猜忌之下，同時保存了僧伽的自主性。〔註 109〕

而錢謙益認爲慧遠之所以有《沙門不敬王者論》，是因爲當時「晉室凌遲，兇渠煽虐，擁重兵而脅孤主，藐然視天下無人。」〔註 110〕錢謙益認爲慧遠的眞意是：沙門不敬亂主，錢謙益最終之目的還是在於「整皇綱，扶人極者」。〔註 111〕

（二）攻台教以治狂禪

晚明的狂禪弊病叢生，而天台宗有護國思想的傳統，如：《仁王護國經》、《金光明經》、《妙法蓮華經》等，因此錢謙益推崇天台宗，錢謙益指出天台教法就是一種「藥」，能治狂禪之病，他說：「攻台教以治狂禪，庶幾廢疾可興，膏肓可砭。立方療病，其莫先於此乎？」〔註 112〕錢謙益相信降乩，深信因緣果報，謝正光先生之〈錢牧齋之酒緣與仙佛緣〉一文中已有深入的考證，〔註 113〕錢謙益曾求教於乩身金聖嘆，〈天台泐法師靈異記〉載：吳門陳氏女於庚申年（1620）往生，時年十七歲，陳氏死後往生「慈月宮」，自天啓丁卯年（1627）降乩於金聖嘆身上以鬼神身爲大眾說法，錢謙益撰寫〈天台泐法師靈異記〉時陳氏已降乩九年，時爲崇禎八年（1635），《初學集》載：

余吳門飲馬里陳氏女也。年十七，從母之橫塘橋，上有紫衫紗帽者，

〔註 109〕請參周伯戡：〈慧遠「沙門不敬王者論」的理論基礎〉，刊於《國立台灣大學歷史學系學報》，第 9 期（1982 年，12 月），頁 74。

〔註 110〕錢謙益說：「東晉末，遠法師在廬山，與桓玄書論往復，具在《弘明集》。暇日披尋，慨然見遠公心事于千載之上……。」請參錢謙益：《錢牧齋全集》，《牧齋有學集》，卷 42，〈遠法師書論序贊〉，頁 1427。

〔註 111〕請參錢謙益：《錢牧齋全集》，《牧齋有學集》，卷 42，〈遠法師書論序贊〉，頁 1428。

〔註 112〕錢謙益：〈天台山天封寺修造募緣疏〉，收入錢謙益著，錢曾箋注，錢仲聯標校：《錢牧齋全集》，冊 3，牧齋初學集，卷 81，頁 1724～1725。

〔註 113〕謝正光先生指出：錢謙益「崇禎十年（1637），年五十六歲，於京師下刑部獄，作〈獄中雜詩三十首〉，第二十四首即以『往因』闡解『今世』之災難，……牧齋於前史『託世』之說，亦讚歎不已。《初學集》卷十有四絕句詠宋人張文光『一世爲僧，再世爲鄰家童子』事。……《初學集》卷八十六〈記峨眉仙人詩〉文中所提及以仙佛謫向人間之楊一鵬，或即牧齋萬曆三十八年進士科之同年友也，……牧齋於其自身，亦有輪迴託世之說。」請參謝正光：〈錢牧齋之酒緣與仙佛緣〉，刊於《中國文哲研究通訊》，第 14 卷第 2 期，頁 37～38。

執如意以招之，歸而病卒，泰昌改元庚申之臘也。其歸神之地曰上方，侯曰永寧，宮曰慈月。其職司則總理東南諸路，如古節鎮，病則以藥，鬼則以符，祈年逐厲，懺罪度冥，則以箋以表。以天啓丁卯五月，降於金氏之乩，今九年矣。〔註 114〕

據錢謙益之記載，陳氏女之前生爲天台宗之弟子智朗，「天台之弟子智朗墮女人身，生於王宮，以業緣故，轉墮神道，以神道故，得通宿命，再受本師記莂，俾以鬼神身說法也。」慈月夫人降乩附身於金聖嘆而爲錢謙益說法，〔註 115〕陳氏降乩期限預定爲十二年，後四年最爲興盛，「其示現以十二年爲期，後四年而大顯，時節因緣，皆大師所指授也。」通過降乩，錢謙益得知自己前世是慧遠大師，〈仙壇倡和詩十首〉序言載：

慈月夫人，前身爲智者大師高弟，降乩於吳門，示余曰：「明公前身，廬山慧遠也。從湛寂光中來，自忘之耳。〔註 116〕

自此錢謙益誠然以慧遠轉世自居，自勵自許護持正法。錢謙益慈月一事拳拳服膺，錢謙益於〈仙壇倡和詩〉前序言：

師（慈月夫人）示現因緣，全爲台事，現鬼神身，護持正法，故當有天眼證明，非余之戲論也。〔註 117〕

錢謙益雖對聽信靈媒話語一事頗感慚愧，但此靈媒言之有物，錢謙益稱許慈月之示現具天眼、正知見，是佛門「大醫王」之展現，他說：

慈月以人天眼具正知見，汲汲然以教藥療禪病，人知其闡教者所以顯教，而不知其療禪者正所以護禪也。菩薩於疾病世作大醫王，慈月示現，亦複如是。我輩生人道中，不能護持末法，而以聽於鬼神，將慚愧讚歎之不暇，而矧有後言耶？至其妙達三乘，博通外典。微詞奧義，盡般若之笙簧；綺句名章，總伽陀之鼓吹。紫微、右英諸

〔註 114〕錢謙益：〈天台泐法師靈異記〉，收入錢謙益著，錢曾箋注，錢仲聯標校：《錢牧齋全集》，冊 2，牧齋初學集，卷 43，頁 1123。

〔註 115〕陳洪指出：「他（金聖嘆）稱『陳夫人』若干世之前是天台宗智者大師的弟子智朗，而這次回歸慈月宮仙位後，智者大師佛駕親臨宮中，點破因緣，囑其以仙佛雙重身份降世行法。」陳洪：《中國小說理論史》（天津：天津教育出版社，2005 年），頁 145。

〔註 116〕錢謙益：〈仙壇倡和詩十首〉，收入錢謙益著，錢曾箋注，錢仲聯標校：《錢牧齋全集》，冊 1，牧齋初學集，卷 10，頁 330。

〔註 117〕錢謙益：〈仙壇倡和詩十首〉，收入錢謙益著，錢曾箋注，錢仲聯標校：《錢牧齋全集》，冊 1，牧齋初學集，卷 10，頁 330。

眞，與楊、許相酬問者，猶不敢窺其藩落，而況神君、紫姑之流乎？故曰信也。

又錢謙益化用佛家典故以闡述自己的詩論，在錢謙益的〈香觀說書徐元歎詩後〉可以看到，錢謙益以比丘偷摘蓮花，遭池神斥責之寓言，說明其論詩態度，大意是：有一持戒清淨的比丘，無意間摘了蓮池中的蓮花遭蓮花池神斥責爲偷香；另有俗人將池中蓮花連根拔起卻未被斥責，只因蓮花池神認爲其無可救藥，不值得呵叱。錢謙益說：「有學詩者于此，駢花鏤葉，剟芳拾英，犯衆昏饛俗之忌。此掘根挽莖之流也，神之所棄而弗呵也。」〔註 118〕錢謙益以鼻觀詩，友人靈巖退老嘆曰：「此六根互用，心手自在法也。」〔註 119〕錢謙益評友人介立旦公的詩時，將其詩作比爲《華嚴經》中的青蓮華長者，錢謙益說：「旦公，華嚴法界師也。吾請以鬻香長者之香，助旦公之香觀，即用旦公詩句，代旦公說法，不亦可乎？」〔註 120〕錢謙益以六根互用之方觀詩，並引佛經典故論詩。

錢謙益論述詩人疾疫時常以「眼」爲喻，在錢謙益推崇的《華嚴經》中常以慧眼對比凡夫盲瞽，如：「眾生癡暗如盲瞽，種種障蓋所纏覆。」「一切愚蒙，無有智慧，……其心盲瞽。」諸佛菩薩的慧眼才能看到正道，《華嚴經》說：「哀哉眾生，猶如盲瞽不見道路。」諸佛的境界則是「信眼明徹」、「信眼清淨」、「普眼明徹」、「智眼明見」、「慧眼明徹」。錢謙益雖未必引用《華嚴經》爲喻，然其中理趣的相同，爲避免一盲引眾盲，錢謙益儼然以明眼人之姿引導盲瞽大眾走向正道。

〔註 118〕錢謙益：〈香觀說書徐元歎詩後〉，收入錢謙益著，錢曾箋注，錢仲聯標校：《錢牧齋全集》，冊 6，牧齋有學集，卷 48，頁 1568。

〔註 119〕錢謙益：〈後香觀說書介立旦公詩卷〉，收入錢謙益著，錢曾箋注，錢仲聯標校：《錢牧齋全集》，冊 6，牧齋有學集，卷 48，頁 1569。

〔註 120〕錢謙益：〈後香觀說書介立旦公詩卷〉，收入錢謙益著，錢曾箋注，錢仲聯標校：《錢牧齋全集》，冊 6，牧齋有學集，卷 48，頁 1570。

第三章　湯顯祖、錢謙益文學上的藥病之喻

一、前後七子到錢謙益

明代從弘治、正德到嘉靖、萬曆年間，前後七子的文學復古運動已對台閣體、八股文提出針砭，他們重視文學的情感特質。李卓吾的童心說和湯顯祖的主情說進一步肯定人的欲望及提倡個性解放。上述文學派別中，各家各派欲立自家學說時，常以「病」爲喻勘破舊說之漏，並以「藥」爲喻建立一己學說的正當性，如：王世貞（1526～1590）、湯顯祖、袁宏道（1568～1610）、錢謙益、傅山（1607～1684）、董說（1620～1686）等皆曾以藥、病隱喻詮釋文學觀點。

後七子領袖之一的王世貞其《藝苑卮言》說：「玉川《月蝕》是病熱人囈語，前則任華，後者盧仝、馬異，皆乞兒唱長短急口歌博酒食者。」〔註1〕玉川子是唐朝詩人盧仝的號，盧仝曾寫作《月蝕詩》以譏切元和逆黨，王世貞此處對任華、盧仝、馬異等中唐苦吟詩人持負面評價，從《藝苑卮言》中亦可看出王世貞主張文必秦漢，詩必盛唐的文學觀點，所謂「病熱人囈語」〔註

〔註1〕王世貞著，羅仲鼎校注：《藝苑卮言》（山東：齊魯出版社，1992年），卷4，頁190。

〔註2〕所謂「病熱人」爲中醫專有名詞，《黃帝内經素問集註》〈至眞要大論篇〉載帝曰：「論言治寒以熱，治熱以寒，而方士不能廢繩墨而更其道也。有病熱者，寒之而熱，有病寒者，熱之而寒。二者皆在，新病復起，奈何治？」清錢塘張志聰隱菴集註：《黃帝内經素問集註》（上海：上海科學科技出版社，1990年），卷8下，〈至眞要大論篇〉，頁36～37。

2〕，「囈語」是「囈語」亦爲中醫名詞，爲：「睡夢中說話，吐字不清，意思不明的症狀。多因心火、膽熱或胃氣不和所致。久病虛衰出現囈語，稱爲虛囈，多爲神不守舍所致。」以「病熱人囈語」作爲批判用語標示著權力結構的建立過程。文壇上屬復古派的前後七子主張「文必秦漢，詩必盛唐」，也因此有了剽竊模擬的弊病，雖然王世貞對一味剽竊摹擬也頗不以爲然，曾說：「剽竊摹擬，詩之大病……近日獻吉『打鼓鳴鑼何處船』語，令人一見匿笑，再見嘔噦，皆不免爲盜跖、優孟所訾。」〔註3〕王世貞以詩之大病對同爲復古派的李夢陽（獻吉）針砭。

萬曆間李卓吾所謂的「詩何必古選？文何必先秦？」〔註4〕對公安派的反復古運動影響甚鉅，明代文壇屬於創新路線的公安派對於前後七子復古所演變成因襲剽竊的流弊，提出反對復古、擬古的主張，袁宏道形容當時文壇上的氛圍是「文則必欲準于秦、漢，詩則必欲準于盛唐，剿襲模擬，影響步趨，見人有一語不相肖者，則共指以爲野狐外道。」〔註5〕袁宏道對「文必秦漢、詩必盛唐」提出針砭，並主張能「獨抒性靈，不拘格套」〔註6〕，他說：「不效顰於漢、魏，不學步於盛唐，任性而發，尚能通于人之喜怒哀樂嗜好情欲，是可喜也。」〔註7〕此語頗有譏諷前後七子之處，袁宏道以袁小修爲例說明「獨抒性靈，不拘格套」並不能保證寫出完美名篇，但是這種帶有瑕疵的創意卻更人喜愛，他是這樣形容小修詩文的：

> 其間有佳處，亦有疵處，佳處自不必言，即疵處亦多本色獨造語。然予則極喜其疵處；而所謂佳者，尚不能不以粉飾蹈襲爲恨，以爲未能盡脫近代文人氣習故也。〔註8〕

袁小修作品中的毛病、缺點——「疵」，反而有其獨特的美感，袁小修曾因「沉湎嬉戲，不知樽節，故嘗病；貧復不任貧，病復不任病，故多愁。愁極則吟，故嘗以貧病無聊之苦，發之於詩，每每若哭若罵，不勝其哀生失路之感。予

〔註3〕王世貞著，羅仲鼎校注：《藝苑卮言》，卷4，頁216。
〔註4〕李贄：《李贄文集》（北京：社會科學文獻出版社，2000年），第一卷，《焚書》，〈童心說〉，頁93。
〔註5〕袁宏道箸，錢伯城箋校：《袁宏道集箋校》（上海：上海古籍出版社，1981年），上冊，卷4，頁188。
〔註6〕袁宏道箸，錢伯城箋校：《袁宏道集箋校》，上冊，卷4，頁187。
〔註7〕袁宏道箸，錢伯城箋校：《袁宏道集箋校》，上冊，卷4，頁188。
〔註8〕袁宏道箸，錢伯城箋校：《袁宏道集箋校》，上冊，卷4，頁187～188。

讀而悲之。」〔註9〕袁宏道讀袁小修詩常讀而悲之，因小修為詩其體悟來自生活體驗，再發而為詩，其情感的厚度更能感人，袁宏道說：「大概情至之語，自能感人，是謂眞詩，可傳也。」〔註10〕袁宏道屢以「病」作為論述的方式，讚賞陶孝若詩歌中的眞性情的抒發，他說：

> 余同門友陶孝若，工為詩，病中信口腕，率成律度。夫鬱莫甚於病者，其忽然而鳴，如瓶中之焦聲，水與水暴相激也；忽而展轉詰曲，如灌木之縈風，悲來吟往，不知其所受也。〔註11〕

病痛是切身的感受，其哀鳴為不得不發，文學亦如此，需抒發己身眞實的感受。

在醫學頗有成就的傅山其文學理論上承李卓吾、公安派和竟陵派，傅山曾對竟陵派表示讚賞，其〈偶借法字翻杜句答補嚴〉云：「滄溟發病語，慧業生《詩歸》。捉得竟陵訣，弄渠如小兒。」〔註12〕「滄溟」指的是著有《滄溟集》的明代後七子之首李攀龍，至於《詩歸》，則是鍾惺與譚元春共同編選的《古詩歸》與《唐詩歸》合集，陳美朱指出：「由『病語』與『慧業』的評斷，可見傅山是肯定鍾、譚的《詩歸》而否定李攀龍的《唐詩選》。」〔註13〕鐘惺、譚元春通過對古、唐詩的選評，宣揚竟陵派詩論，並反對前後七子的擬古主義、糾正公安派俚俗浮淺之弊。然而竟陵派的風行卻引發了另一種危機，楊玉成指出：「鍾惺《史懷》出現一種『如夢、如譫、如譃』〔註14〕近乎譫妄語的敘述。『譫妄語』即『神經症語言』，這是一種出現在文學論述上的精神病症。」〔註

〔註9〕袁宏道著，錢伯城箋校：《袁宏道集箋校》，上冊，卷4，頁188。

〔註10〕袁宏道著，錢伯城箋校：《袁宏道集箋校》，上冊，卷4，頁188。

〔註11〕袁宏道著，錢伯城箋校：《袁宏道集箋校》，中冊，卷35，頁1114。

〔註12〕見劉貫文等編：《傅山全書》（太原：山西人民出版社，1991年），第一冊，第3卷，頁45。

〔註13〕陳美朱：〈捉得竟陵訣——鍾惺、譚元春詩作特色析論〉，刊於《高雄師大學報》，第15期，頁401。

〔註14〕鍾惺說：「蓋武帝雄主，甘心求神，必有一段微言妙理，足以深入而先奪之。太史公舍其微妙者不言，而娓娓談方術，皆不出虛穢之語，如夢、如譫、如譃、如兒戲、如街談……。」請參鍾惺：《史懷》（台北：藝文印書館印行，1969年），卷5，〈史記・封禪書〉，頁16。

〔註15〕請參楊玉成先生撰：〈閱讀邊緣：晚明竟陵派的文學閱讀〉（2003年9月19日，中央研究院文哲所專題演講講稿）。陶望齡〈與袁石浦〉說：「天下有二等自在人，一大睡者，二大醒者，惟夢魘未覺，人謂睡著則已欲醒，謂醒則正在夢境，叫號譫囈，純是苦趣。僕，魘者也。」請參陶望齡：《歇菴集》，收入《續修四庫全書》（上海：上海古籍出版社，2002年），冊1365，卷11，

15〕竟陵派引以爲傲的幽深孤峭及其新意特色，在錢謙益眼中都成了缺點，甚至是禍害、妖孽、亡國之音，錢謙益說：「鍾譚之類，豈亦五行志所謂詩妖者乎！」〔註 16〕與錢謙益同時代的顧炎武（1613～1682），認爲鍾惺是敗壞天下風氣之人，顧炎武評鍾惺說道：「當時之學臣，其於伯敬固當如荼肆之陸鴻漸，奉爲利市之神，……其罪雖不及李贄，然亦敗壞天下之一人。」〔註 17〕錢謙益認爲鍾、譚是「詩妖」，蓋鍾、譚在錢謙益眼中是患有精神疾病者。在建立一個文學上新的疆界時，錢謙益把竟陵派詩人驅逐出境，甚至將竟陵派妖魔化，嚴志雄曾以 Bourdieu 場域理論寫作〈錢謙益攻排竟陵鍾、譚側議〉一文，嚴志雄指出錢謙益將鍾惺、譚元春等竟陵派詩人立爲異端，並建構其文學場域，嚴志雄說：

> 錢謙益結合門人對竟陵派的非議行成一種自稱正義的「公論」，Bourdieu 指出：相對於通俗文化作品的行動者，高雅文化作品的行動者看來活在「信念」（belief）與「反經濟」（anti-economic）的體系內，而他們之得以創造象徵性利益（symbolic profits），端在成功地經營出一個清高而超然的姿態，錢謙益批評竟陵派詩人不讀書，將竟陵派之詩視爲俗，樹立了所謂的「正統」。〔註 18〕

錢謙益認爲鍾、譚是「詩妖」產生的始作俑者，錢謙益把竟陵之詩視作荼毒國家命運的妖氛邪氣。錢謙益《列朝詩集》所載的竟陵派詩人的形象是：入鬼入魔之人，墮入惡道而不自知，錢謙益認爲竟陵派風行三十餘年，是詩學界的不幸，竟陵派之詩人遊鬼國、登鼠穴，天下之兵興盜起與竟陵派的亡國之音有關，竟陵派是錢謙益眼中的詩妖。竟陵派的優點在錢謙益眼中皆爲：鼠穴、鬼國、鬼趣、兵象，是一種亡國之徵兆、末世的詛咒。

明亡前一年癸未（1643）年〈題懷麓堂詩鈔〉中他針砭文壇之弱病、狂病、鬼病，台閣體爲弱病、復古主義爲狂病、竟陵派爲鬼病，三者互爲藥方。錢謙益說：

頁 407。張岱〈西湖夢尋序〉說：「總是夢中說夢，非魘即囈也。」請參張岱：《琅嬛文集》（長沙：岳麓書社，1985 年），頁 61。

〔註 16〕請參錢謙益：《列朝詩集小傳》（上海：上海古籍出版社，2008 年），下冊，〈鍾提學惺〉，頁 571。

〔註 17〕顧炎武著，黃汝成集釋：《日知錄集釋》（上海：上海古籍出版社，2006 年），卷 18，〈鍾惺〉，頁 1072。

〔註 18〕嚴志雄：〈錢謙益攻排竟陵鍾、譚側議〉，刊於《中國文哲研究通訊》，第 14 卷第 2 期，頁 93～119。

> 近代詩病，其證凡三變：沿宋、元之窠臼，排章儷句，支綴蹈襲，此弱病也；剽唐、選之餘瀋，生吞活剝，叫號隳突，此狂病也；搜郊、島之旁門，蠅聲蚓竅，晦昧結愲，此鬼病也。救弱病者，必之乎狂；救狂病者，必之乎鬼。傳染日深，膏肓之病日甚。孟陽於惡疾沈痼之後，出西涯之詩以療之曰：「此引年之藥物，亦攻毒之箴砭也。」其用心良亦苦矣。孟陽論詩，在近代直是開闢手。舉世悠悠，所謂親見。楊子雲祿位容貌，不能動人，其孰從而信之？可一喟也！
>
> 癸未夏日書。〔註19〕

錢謙益指出：「孟陽於惡疾沉痼之後，出西涯之詩以療之曰：『此引年之藥物，亦攻毒之箴砭也。』其用心良亦苦矣。」〔註20〕錢謙益友人孟陽（程嘉燧）推崇茶陵師派西涯（李東陽）之詩，認爲茶陵派能矯正台閣體脫離社會現實、粉飾太平的文風，不啻爲攻毒妙藥。錢謙益寫於明亡之後的〈鼓吹新編序〉，〔註21〕對明代文學流派有更深刻的反省，他發揮佛教乳喻說：「蓋嘗觀如來捃拾教中，有多乳喻，竊謂皆可以喻詩。」〔註22〕這是一個不斷稀釋的退化歷史觀。另外還有兩個比喻，一是盜牛乳，一是以驢乳冒充，前者是復古主義，後者應是竟陵派。錢謙益接著引伸到「乳藥」，「是乳藥者，亦是毒害，亦是甘露，以療病得差爲能。」〔註23〕在這種觀念下，所有事物的功能和意義都是不確定的，復古或性靈都是如此。錢謙益說：

> 今世之爲七言者，比擬聲病，塗飾鉛粉，駢花儷葉，而不知所從來，此盜牛乳而盛革囊者也，標新獵異，傭耳剽目，改形假面，而自以爲能事，此抨驢乳而謂醍醐者也。〔註24〕

〔註19〕錢謙益：〈題懷麓堂詩鈔〉，收入錢謙益著，錢曾箋注，錢仲聯標校：《錢牧齋全集》，冊3，牧齋初學集，卷83，頁1758。

〔註20〕錢謙益：〈題懷麓堂詩鈔〉，收入錢謙益著，錢曾箋注，錢仲聯標校：《錢牧齋全集》，冊3，牧齋初學集，卷83，頁1758。

〔註21〕〈鼓吹新編序〉云：「余自桑海之後，繆任採詩之役。評隲稍著，譽咎叢生。」錢謙益：〈鼓吹新編序〉，收入錢謙益著，錢曾箋注，錢仲聯標校：《錢牧齋全集》，冊5，牧齋有學集，卷15，頁710。

〔註22〕錢謙益：〈鼓吹新編序〉，收入錢謙益著，錢曾箋注，錢仲聯標校：《錢牧齋全集》，冊5，牧齋有學集，卷15，頁710。

〔註23〕錢謙益：〈鼓吹新編序〉，收入錢謙益著，錢曾箋注，錢仲聯標校：《錢牧齋全集》，冊5，牧齋有學集，卷15，頁712。

〔註24〕錢謙益：〈鼓吹新編序〉，收入錢謙益著，錢曾箋注，錢仲聯標校：《錢牧齋全集》，冊5，牧齋有學集，卷15，頁711。

身爲文壇宗主的錢謙益，對明代文風有深刻反省，錢謙益認爲詩的作用在於「正綱常、扶世運，豈區區雕繪聲律、剽剝字句云爾乎？」〔註 25〕正是因爲錢謙益著重詩的現世倫理功能，故其屢將竟陵派之詩視爲亡國之音，這是錢謙益晚年、明亡之後的看法。從中可以看出論述權力的建構過程，歷史中的是非難以定論，錢謙益試圖建構一個力挽狂瀾的形象，將對明朝不忠不義者、不致力於經世意義的文學驅逐，以塑造一個較大的論述權力，竟陵派等也因此被邊緣化、成爲被壓抑者。錢謙益的立史活動呈現身處明亡之際的知識份子的壓力，這是錢謙益的意識型態，清朝燬禁其書亦是建構另一正統，因此銷燬其書，由這一連串的誤讀、競爭與權力的建構有關，另，朱彝尊不滿《列朝詩集》的編選，認爲錢謙益有所疏漏，評價亦不夠公允，故起而輯有《明詩綜》，瞭解明末經典競爭現象，將有助於認識明末清初學術界的氛圍。

關於錢謙益的成學歷程孫之梅《錢謙益與明末清初文學》一書中的第二章〈文學觀念的轉變形成期〉，由「錢謙益與嘉定學派」、「終生服膺程嘉燧」、「私淑歸有光」、「錢謙益與湯顯祖和公安派」闡述錢謙益文學轉變的過程。〔註 26〕丁功誼《錢謙益文學思想研究》書中將錢謙益的文學思想按照年代加以分析，分別是：第一章〈錢謙益早年文學思想探源〉，第二章，〈天啓、崇禎朝錢謙益的文學思想〉，及第三章〈明清易代與錢謙益文學思想的演變〉。〔註 27〕此二書對錢謙益的學思歷程有詳細的研究，大抵錢謙益早年服膺前後七子之古文，喜好李夢陽、王世貞之著作，其〈答山陰徐伯調書〉云：

> 僕年十六七時，已好陵獵爲古文。空同、弇山二集，瀾翻背誦，暗中摸索，能了知某行某紙。搖筆自喜，欲與驅駕，以爲莫己若也。

〔註 25〕錢謙益：〈十峯詩序〉，收入錢謙益著，錢曾箋注，錢仲聯標校：《錢牧齋全集》，冊 5，牧齋有學集，卷 19，頁 831。

〔註 26〕孫之梅《錢謙益與明末清初文學》一書中以四個章節探討之，分別是一、〈早期的文學準備〉，從錢謙益的「家世」、「教育」、「早期的人格特點」談起。二、文學觀念的轉變形成期，從「錢謙益與嘉定學派」、「終生服膺程嘉燧」、「私淑歸有光」、「錢謙益與湯顯祖和公安派」闡述錢謙益文學轉變的過程。三、〈文學觀念的確立期〉，由「通經汲古的虞山之學」、「政治思想」、「佛學思想」、「文學思想」等方面闡述錢謙益的文學觀點。四、〈錢謙益與清初的詩歌〉，由「清初的學術活動」、「錢謙益與清初的詩歌」、「一生詩歌的集大成之作——《投筆集》」、「回味生平的個人小傳——《病榻消寒雜咏》46 首」討論錢謙益與清代詩歌的關係。請參孫之梅：《錢謙益與明末清初文學》（山東：山東大學出版社，2010 年）。

〔註 27〕丁功誼：《錢謙益文學思想研究》（上海：上海古籍出版社，2006 年）。

> 爲舉子，偕李長蘅上公車，長蘅見其所作，輒笑曰：「子他日當爲李、王輩流。」僕駭曰：「李、王而外，尚有文章乎？」長蘅爲言唐、宋大家，與俗學迥別，而略指其所以然。僕爲之心動，語未竟而散去。〔註 28〕

錢謙益十六、七歲時已能將李夢陽《空同》、王世貞《弇山》二集，爛翻背誦，其早年學習古文，以李夢陽、王世貞的古文爲標的。錢謙益於二十五、六歲結識李長蘅，方知「李、王而外，尚有文章」李長蘅爲之介紹唐宋派古文大家之文章，此時錢謙益已被唐宋派古文所吸引。錢謙益二十六歲時會試不第，與嘉定派（練川）諸君往來，得聞歸有光之文，又得湯顯祖讚賞宋濂古文之語，於是錢謙益開始學習唐、宋古文，並與元裕之、虞伯生及潛溪、震川諸家，得知古學所由來，因此，在王、李之學盛行之際，錢謙益能獨樹一幟，錢謙益回憶起這一階段的學思過程，是這麼說的：

> 浮湛里居又數年，與練川諸宿素游，得聞歸熙甫之緒言，與近代剽賊僞貨之病。臨川湯若士寄語相商曰：「本朝勿漫視宋景濂。」于是始覃精研思，刻意學唐、宋古文，因以及金、元元裕之、虞伯生諸家，少得知古學所從來，與爲文之阡陌次第。今所傳初學集，皆三十七八已後作也。〔註 29〕

由於受到湯顯祖的鼓勵，錢謙益確定了自己在文學上所要努力的方向，錢謙益感嘆道：

> 自嘉靖末年，王、李盛行，熙甫遂爲所淹沒。萬曆中，臨川能訟言之，而窮老不能大振。僕以孤生謏聞，建立通經汲古之說，以排擊俗學，海內驚噪，以爲希有，而不知其郵傳古昔，非敢創獲以譁世也。〔註 30〕

錢謙益曾於讀了湯顯祖的信之後，以醫者自期，略言當時文壇上之病，錢謙益說：

> 午、未間，客從臨川來，湯若士寄聲相勉曰：「本朝文，自空同已降，

〔註 28〕錢謙益：〈答山陰徐伯調書〉，收入錢謙益著，錢曾箋注，錢仲聯標校：《錢牧齋全集》，冊 6，牧齋有學集，卷 39，頁 1347。

〔註 29〕錢謙益：〈答山陰徐伯調書〉，收入錢謙益著，錢曾箋注，錢仲聯標校：《錢牧齋全集》，冊 6，牧齋有學集，卷 39，頁 1347。

〔註 30〕錢謙益：〈答山陰徐伯調書〉，收入錢謙益著，錢曾箋注，錢仲聯標校：《錢牧齋全集》，冊 6，牧齋有學集，卷 39，頁 1347。

皆文之輿臺也。古文自有眞。且從宋金華著眼。」自是而指歸大定。……余之于此道，不敢自認爲良醫，而審方診病，亦可謂之三折肱矣。要而言之，昔學之病病于狂，今學之病病于瞽。〔註31〕

錢謙益以盲瞽喻復古派後七子的王世貞、李攀龍之學，他說：「僕狂易愚魯，少而失學，一困于程文帖括之拘牽，一誤於王、李俗學之沿襲，尋行數墨，倀倀如瞽人拍肩。」〔註32〕錢謙益常反省自己的學思歷程，亦常慨嘆年少時困於科舉應制之文，又因隨波逐流盲目追隨復古派，錢謙益爲自己年少求學歷程痛下「瞽人」的註腳。錢謙益說：

獻吉之戒不讀唐後書也，仲默之謂文法亡于韓愈也，于鱗之謂唐無五言古詩也，滅裂經術，……此如病狂之人，強陽僨驕，心易而狂走耳。今之人，傳染其病，而不知病症之所從來，如羣瞽之拍肩而行于塗，街衢溝瀆，惟人指引。不然則捫籥以爲日也。執箕以爲象也，并與其狂病而無之，則謂之瞽人而已矣。〔註33〕

錢謙益以己身三折肱而成良醫的切身經驗指出，獻吉（李夢陽）、仲默（何景明）、于鱗（李攀龍）的目空一切有其危險，彷彿傳染病般，染病者不知病症從何而來，如瞽、如狂。而眼明者是湯顯祖、公安派，錢謙益說：「湯臨川亦從六朝起手，晚而效香山、眉山。袁氏兄弟，則從眉山起手，眼明手快，能一洗近代窠臼。」〔註34〕錢謙益認可袁宗道，謂「伯修可謂具眼矣」，錢謙益指出公安派實能開人心眼，《列朝詩集》載：「伯修論本朝詩云：『弇州才卻大，第不奈頭領牽掣，不容不入他行市，然自家本色時時露出，畢竟非歷下一流人。晚年全效坡公，然亦終不似也。』余近來拈出弇州晚年定論，恰是如此，伯修可謂具眼矣。」〔註35〕錢謙益曾提出「弇州晚年定論」，指出王世貞晚年風格有所改變，針對袁宗道所說，王世貞晚年效仿蘇東坡文的見解，錢謙益讚袁宗道爲「具眼矣」。錢謙益對於公安派的評價頗高，他說：「袁氏之學，

〔註31〕錢謙益：〈讀宋玉叔文集題辭〉，收入錢謙益著，錢曾箋注，錢仲聯標校：《錢牧齋全集》，冊6，牧齋有學集，卷49，頁1588～1589。

〔註32〕錢謙益：〈答杜蒼略論文書〉，收入錢謙益著，錢曾箋注，錢仲聯標校：《錢牧齋全集》，冊6，牧齋有學集，卷38，頁1306。

〔註33〕錢謙益：〈讀宋玉叔文集題辭〉，收入錢謙益著，錢曾箋注，錢仲聯標校：《錢牧齋全集》，冊6，牧齋有學集，卷49，頁1589。

〔註34〕錢謙益：〈復遵王書〉，收入錢謙益著，錢曾箋注，錢仲聯標校：《錢牧齋全集》，冊6，牧齋有學集，卷39，頁1359。

〔註35〕參〔清〕錢謙益著：《列朝詩集小傳》，下冊，頁566。

未能盡香山、眉山，而其抉擿蕪穢，開滌海內之心眼，則功於斯文爲大。」〔註36〕相較復古派所謂的「文必秦漢，詩必盛唐」，甚至「文自西京（漢代），詩自中唐而下，一切吐棄。」臨川湯顯祖、公安派能廣博學習，突破復古派範限又能獨創，方是錢謙益所認可能引領大眾的明眼人。

錢謙益屢以眼明人稱袁氏兄弟，除了「伯修（袁宗道）可謂具眼矣」之外，《列朝詩集》亦載袁中道（小修）勉勵錢謙益當一同爲世人「點出手眼」之語：

> 小修又嘗告余：「杜之秋興，白之長恨歌，元之連昌宮詞，皆千古絕調，文章之元氣也。楚人何知，妄加評竄，吾與子當昌言擊排，點出手眼，無令後生墮彼雲霧。」〔註37〕

錢謙益認爲公安派的袁中道爲識見不凡之賢者，〈答唐訓導汝諤論文書〉文中錢謙益說：

> 賢哉小修，其所見去人遠矣。嗟夫！古學一變而爲俗，俗學再變而爲繆。繆之變也，不可勝窮。……鬪諸病症，愈變愈新。〔註38〕

錢謙益指出公安派能開人心眼，錢謙益肯定公安派掃除王、李之學的弊病，卻指出若矯枉過正亦是病，錢謙益說：

> 中郎以通明之資，學禪于李龍湖，讀書論詩，橫說豎說，心眼明而膽力放，於是乃昌言擊排，大放厥詞。……中郎之論出，王、李之雲霧一掃，天下之文人才士始知疏瀹心靈，搜剔慧性，以蕩滌摹擬塗澤之病，其功偉矣。機鋒側出，矯枉過正，於是狂瞽交扇，鄙俚公行，雅故滅裂，風華掃地。竟陵代起，以淒清幽獨矯之，而海內之風氣復大變。〔註39〕

錢謙益一方面肯定中郎之論出，「以蕩滌摹擬塗澤之病」，雖然如此，「矯枉過正，於是狂瞽交扇」，「藥」需適量使用，否則將會適得其反，錢謙益指出袁宏道的文學理論藥用及副作用。公安派「一掃王、李雲霧」但他們的創作缺乏深厚的社會內容，因而創作題材愈來愈狹窄。其仿效者則「沖口而出，不

〔註36〕錢謙益：〈陶仲璞遯園集序〉，收入錢謙益著，錢曾箋注，錢仲聯標校：《錢牧齋全集》，冊2，牧齋初學集，卷31，頁919。

〔註37〕錢謙益撰：《列朝詩集小傳》，下冊，〈袁儀制中道〉，頁569。

〔註38〕錢謙益：〈答唐訓導汝諤論文書〉，收入錢謙益著，錢曾箋注，錢仲聯標校：《錢牧齋全集》，冊3，牧齋初學集，卷79，頁1702。

〔註39〕錢謙益撰：《列朝詩集小傳》，下冊，〈袁稽勳宏道〉，頁567。

復檢點」，「爲俚語，爲纖巧，爲莽蕩」，以至「狂瞽交扇，鄙俚公行」，其後遂有竟陵派起以幽深孤俏力矯公安派俚俗之弊。此文中錢謙益說：「竟陵代起，以淒清幽獨矯之，而海內之風氣復大變。」當錢謙益試圖爲清代文學建立一個新疆界的時候，他把竟陵派詩人驅逐出境，甚至將竟陵派妖魔化，他將竟陵派冠上魔、鬼的病名，患有不讀書之病，錢謙益的驅魔活動在其《列朝詩集》中可以見出。錢謙益對竟陵派的評論可見出清初文人欲建構一個新的正統、典範的企圖心，這也是文人對文化現象的反省。

二、湯顯祖以至情爲藥——論《牡丹亭》中的藥喻

錢謙益〈讀宋玉叔文集題辭〉中說明了自己爲學四變，首先，「弱冠時，熟爛空同、弇州諸集」、「長而讀歸熙甫之文」、友人湯顯祖推薦其讀古文，「自是而指歸大定。」爲其三變也。而爲學第四變時「益知古學之流傳，確有自來。」已能「審方診病，亦可謂之三折肱矣。」〔註 40〕對錢謙益影響甚鉅的湯顯祖其劇作《牡丹亭》中以病與藥的隱喻闡釋對自由意志的嚮往與追求，〔註 41〕以下以其名劇《牡丹亭》探究其文學主張。湯顯祖《牡丹亭》第十齣〈驚夢〉描寫年方十六的杜麗娘遊園，因困倦而在園中睡著，在夢中遇一書生並在牡丹亭畔芍藥闌邊雲雨歡幸，醒來方知僅是南柯一夢，杜麗娘遊園之後因思念夢中人而惆悵、憔悴、生病「起倒半年」，侍者春香不得已只好供出麗娘在夢中夢一書生之事，杜母極其不捨云：「天呵，偏人家七子團圓，一個女孩兒廝病。」〔註 42〕於是，杜寶找來儒醫陳最良爲女兒把脈、診治；而杜母亦找來道姑石道婆爲麗娘修齋及祈禳，但麗娘終究因病重而死。

身爲柳宗元后裔的柳夢梅在麗娘死後，亦因病借住梅花觀內，第二十四齣〈拾畫〉中寫柳夢梅在梅花觀養病，得陳最良醫治，因遊園而拾得杜麗娘

〔註 40〕 錢謙益：〈讀宋玉叔文集題辭〉，收入錢謙益著，錢曾箋注，錢仲聯標校：《錢牧齋全集》，冊 6，牧齋有學集，卷 49，頁 1588～1589。

〔註 41〕 葉長海說：「杜麗娘還沒有婚配的原因是年齡尚小。」葉氏又云：「如果把《牡丹亭》所描寫的情僅視爲男女之情欲，即便有的論著把這種情欲看成是對個性解放的追求，卻仍未能免脫世俗。」葉氏指出：《牡丹亭》「體現出一種精神，一種意志自由的精神。」請參葉長海：〈理無情有說湯翁〉，收入華瑋主編：《湯顯祖與牡丹亭》（台北：中央研究院中國文哲研究所，2005 年），上冊，頁 117～118。

〔註 42〕 湯顯祖原著，徐朔方、楊笑梅校注：《牡丹亭》（台北：里仁書局，1995 年），16 齣〈詰病〉，頁 96。

的自畫像，之後柳夢梅痴心瞻禮畫像並召喚畫中人（二十七齣〈玩眞〉），柳夢梅因病得以進住梅花觀，進而拾畫、玩眞，這一病反而使杜麗娘得以邂逅柳夢梅。麗娘死後透過「幽媾」而能展現自由意志之追求，並因此而走向痊癒之道，麗娘身體的痊癒方式是透過死而復生，死後復生固然不可思議，但麗娘心理的疾病的確是痊癒了，《牡丹亭》中治病的場域存在於非現實的時空之中，「幽媾」是人鬼戀，這是穿透陰陽兩界的戀愛，在《牡丹亭》中，突破客觀現實的夢及人鬼戀恰好能令人解憂治病的，超越世間桎梏人心的禮教才能治癒麗娘的病，麗娘因病而亡，化爲幽靈貼近柳夢梅，男女主角的「生病」經驗促使兩人穿越生死的藩籬體會至情，湯顯祖所謂：「生而不可與死，死而不可復生者，皆非情之至也。」〔註 43〕湯顯祖寫作《牡丹亭》時把至情當作人間的靈丹妙藥。「病」在《牡丹亭》中是重要的引子，透過病，杜麗娘解脫了世俗的禮法的糾纏，她化身爲幽靈與柳夢梅相遇；透過病，柳夢梅得以住進梅花觀，病是個絕佳的藥引子。

（一）春天的牡丹亭

《牡丹亭》的戀愛故事發生在春天繁花盛開的花園，在文學的原型分析中，春天、花園、植物，各有其隱喻、象徵之意味，杜麗娘的「春前病」是發生在春天的故事，文學批評家諾思洛普・弗萊曾企圖爲文學批評找到一套科學方法，爲文學做出結構分析，並試圖找尋文學體裁的原型，其〈文學的原型〉一文指出：「有些藝術是在時間中移動的，如音樂；另有一些藝術則呈現在空間之中，如繪畫。……文學似乎處於音樂與繪畫兩者之中間：在其一端，作品的語言構成節奏，……另一端，文學又呈現模式。」〔註 44〕在節奏方面，自然界的節奏促使人們產生儀式，〔註 45〕形象的模式則表現在神諭上面，〔註 46〕弗萊將神話分爲春、夏、秋、冬四階段，便於將文學歸類，神話

〔註 43〕湯顯祖原著，徐朔方、楊笑梅校注：《牡丹亭》，〈作者題詞〉。

〔註 44〕弗萊（Northrop Frye）著，吳持哲譯：《諾思洛普・弗萊文論選集》（北京：中國社科，1997 年），〈文學的原型〉，頁 87～88。

〔註 45〕弗萊指出：「如鳥類求偶交配的舞蹈，幾乎可以稱爲儀式。但在人類生活中，儀式似乎是一種出於意願的努力（因而包含著巫術成分），目的是要恢復業已喪失的與自然循環之間的和諧關係。」請參弗萊（Northrop Frye）著，吳持哲譯：《諾思洛普・弗萊文論選集》，〈文學的原型〉，頁 88。

〔註 46〕弗萊指出：「形象的模式，……論起源都是神諭的，產生於顯靈之一刻，也即對眞諦頓悟的一瞬間，與時間無直接關聯。」弗萊（Northrop Frye）著，吳持哲譯：《諾思洛普・弗萊文論選集》，〈文學的原型〉，頁 89。

脫胎於儀式與神論，文學的中心是神話，神話與文化密不可分，文化中又隱含者兩種可能，一種是喜劇的，一種是悲劇的。〔註 47〕依據弗萊的文學原型理論，則《牡丹亭》的故事屬四季原型中春天的故事，弗萊定義的春天的神話是：

> 黎明、春天及誕生階段：關於英雄降生、甦醒與復活、創造以及……戰勝黑暗、嚴冬及死亡的勢力等的神話。次要人物：父親和母親。傳奇及頌揚、狂喜之詩歌的原型。〔註 48〕

《牡丹亭》的故事與人類之生命力有關，主角通過種種考驗，戰勝黑暗及死亡，最後亦得到次要人物：父親和母親的諒解，得到喜劇的圓滿收場，這是頌揚及狂喜的原型。杜麗娘夢中的戀情發生在私人的花園中，〔註 49〕宇文所安指出私人天地是溢餘與遊戲的，如：私人園林的存在。〔註 50〕杜麗娘在牡丹亭庭園中所展現的是她心中不爲人知的「私領域」，在牡丹亭的園林中，杜

〔註 47〕弗萊（Northrop Frye）著，吳持哲譯：《諾思洛普·弗萊文論選集》，〈文學的原型〉，同上註 89～95。

〔註 48〕弗萊（Northrop Frye）著，吳持哲譯：《諾思洛普·弗萊文論選集》，〈文學的原型〉，頁 90。

〔註 49〕花園是《牡丹亭》愛情神話的核心，華瑋指出：「張淑香教授對《牡丹亭》意旨的發明主要集中在探討花園意象在全劇之意義。她的〈杜麗娘在花園——一個時間的地點〉，援引西方原型神話學觀點，分析了花園所顯現的時空交錯意涵：南安府的後花園是杜麗娘生命中的一個通道，也是一個象徵著從啓蒙、受苦、死亡到復活，完整的『英雄冒險追尋之旅』的起點與回歸點，因此是她生命中一個『時間的地點』（spot of time）。既然花園是《牡丹亭》愛情神話的核心，作者提議以『花園詩學』作爲湯顯祖『情至論』的基礎，這個論點很值得我們深思。」請參華瑋：〈導言〉，收入華瑋主編：《湯顯祖與牡丹亭》，頁 5。張淑香：〈杜麗娘在花園——一個時間的地點〉，收入華瑋主編：《湯顯祖與牡丹亭》，頁 259～288。

〔註 50〕宇文所安說：「我所謂的「私人天地」，是指一系列物、經驗以及活動，它們屬於一個獨立於社會天地的主體，無論那個社會天地是國家還是家庭。要創造一個私人空間，宣告溢餘和遊戲是必需的。」請參宇文所安著，陳引馳、陳磊譯：《中國「中世紀」的終結》（北京：三聯書店，2006 年 1 月），〈機智與私人生活〉，頁 71。所謂中世紀的終結意味著近代的展開，其中私領域的興起亦是近代意義之一，宇文所安將庭園視爲私領域，並舉證中晚唐文人對庭園的偏愛。宇文所安說：「白居易《官舍內新鑿小池》……被建構出的自然是一片安全、受保護的天地。……韓愈的《盆池》……這一人造天地屬於它的建造者，可以作爲私人擁有物向人展示。……詩人宣稱園林是大自然的微觀縮影，他也可以宣稱，那被表現的自我就是現實中自我的具現。」宇文所安著，陳引馳、陳磊譯：《中國「中世紀」的終結》，頁 77～81。

麗娘受到花神的保護，得以呈現一已備受壓抑的無意識，湯顯祖寫杜麗娘夢見與柳夢梅在牡丹亭畔芍藥東邊雲雨歡幸，「牡丹亭」象徵且揭示麗娘內心世界的秘密花園。

湯顯祖寫杜麗娘夢見與柳夢梅在芍藥東邊雲雨歡幸，芍藥是男女戀愛之象徵物，《詩經》〈鄭風〉詩云：「伊其相謔，贈之以芍藥。」〔註51〕贈之以芍藥是一種男女愛戀時互贈之信物，植物亦有其特殊意涵，《牡丹亭》中杜家的後花園呈現盎然的生機，牡丹亭中盛開的繁花其實是植物的生殖器，牡丹亭邊的愛情是熱情且本能的，但，一旦道德意識的頭腦介入之後，這樣不羈的自然情欲成了可恥的疾病——醃臢登，繁花盛開的牡丹亭中的「驚夢」屬非正式的婚禮，並且與性有關，但是這種放縱不羈常不見容於道德，只要道德一現形，人們的超我的社會道德意識便會自我譴責與壓抑。人們便在不羈與可恥之間抉擇，如此的自我衝突、矛盾，致使精神痛苦，麗娘的春前病因此產生，之後她選擇沈醉於夢境之中，並苦心追索著夢境，終致香消玉殞。

（二）夢與「醃臢登」

《牡丹亭》中描述麗娘所罹患的春前病之病徵爲：「他茶飯何曾，所事兒休提、叫懶應。看他嬌啼隱忍，笑譫迷廝，睡眼懵憕。」〔註52〕麗娘的茶不思、飯不想、自言自語等症狀是「春前病」又稱爲「醃臢登」（相思病），這是欲望得不到滿足的病症，其病徵是「長眠短起，似笑如啼，有影無形。」〔註53〕杜母擔心麗娘遊後花園時觸犯了花神，杜母想以道教的禳解爲麗娘治病，但杜寶則說：「日炙風吹，傷寒流轉。便要禳解，不用師巫，則叫紫陽宮石道婆誦些經卷可矣。古語云：『信巫不信醫，一不治也。』」杜母暗自擔心：「若早有了人家，敢沒這病。」〔註54〕杜母的話道出了眞理，杜麗

〔註51〕朱守亮云：「芍藥，香草名，有草本木本兩種。木本芍藥，即今牡丹。草本芍藥又名江蘺，與將離同音，故又名離草，將別時以此爲贈。」請參朱守亮著：《詩經評釋》（台北：台灣學生書局，1984年），上冊，〈鄭風〉，頁267～277。

〔註52〕湯顯祖原著，徐朔方、楊笑梅校注：《牡丹亭》，第16齣，〈詰病〉，頁97。

〔註53〕湯顯祖原著，徐朔方、楊笑梅校注：《牡丹亭》，第16齣，〈詰病〉，頁97。

〔註54〕湯顯祖原著，徐朔方、楊笑梅校注：《牡丹亭》，第16齣，〈詰病〉，頁98。杜母得知女兒患病之後找來石道姑爲麗娘祈福禳災，在杜母心中期望透過道教的法術，使女兒靈魂的危險消除，精神回到意識界。榮格（Carl G. Jung）〈集體無意識〉指出：「祭式與教義的目的，它們是防範無意識危險的堤壩，是阻擋『靈魂的危險』的牆垣。因此，原始祭式包含著驅鬼、除咒、避兇、犧牲、

娘的病，便是過度受束縛所引起的，麗娘嚴格的家規與閨秀禮教使其備受壓抑。在心理學方面，弗洛伊德的學說中指出：人的食色等慾屬於本我，超我指的是社會道德規範，若超我與本我產生衝突則會呈現在夢中，夢是受壓抑的願望的滿足。〔註 55〕麗娘在夢中與柳夢梅雲雨歡幸，這夢是平日慾望遭受壓抑的出口，然而當夢醒後，麗娘依舊遭受社會道德制約之後並持續壓抑自我，因此麗娘病了。洛依德的弟子——榮格進一步指出：夢境是無意識的象徵，這類的象徵可能是男性潛傾（animus）、女性潛傾（anima），〔註 56〕夢境也許是破壞道德的，卻能使人更深刻的認識自我，要讓無意識的力量顯現必須不受理式的阻礙，不能以舊有的方式去認識無意識，如此只是更強化了意識世界，意識界的「理」不再是唯一的眞理，無意識亦無所不在，意識到這一點至少能讓我們趨於客觀、公正，道德不是永恆不變的，無意識是反而是永恆的，認識這一點可以使人對人類更有同情心，夢對人類心靈有著治癒功能，中國的董說亦有著夢能治病之說，晚於湯顯祖的董說（1620～1686）〈夢本草〉曾說：

> 夢，味甘、性醇、無毒，益神智，皂血脈，闢煩滯，清心遠俗，令人長壽。……廬山慧日雅禪師作〈禪本草〉，予愛慕之，夢癖已痼，

淨化等程序，以及通過交感神經的魔力產生出有助的事件。」榮格（Carl G. Jung）著，馮川.蘇克譯：《心理與文學》（北京：三聯書店，1987 年），〈集體無意識〉，頁 72～73。

〔註 55〕榮格〈集體無意識〉說：弗洛伊德「稱本能心理爲伊德（id），而它的「超我」（super-ego）指的是集體意識，個體的一面指部分的有意識和部分的無意識（因爲這是壓抑的）。」請參榮格（Carl G. Jung）著，馮川・蘇克譯：《心理與文學》，〈集體無意識〉，頁 52。張淑香指出：「杜麗娘介於春香與陳最良之間衝突的夾縫，微妙地成爲杜麗娘人格心理的暗喻——自我（self）徘徊在「原我」（id）與「超自我」（super-ego）之間的懸盪。張淑香：〈杜麗娘在花園——一個時間的地點〉，收入收入華瑋主編：《湯顯祖與牡丹亭》，頁 264。

〔註 56〕榮格〈集體無意識〉指出：「個人無意識的內容主要由名爲「帶感情色彩的情結」所組成，它們構成心理生活中的個人和私人的一面，而集體無意識的內容則是所謂的「原型」。」請參榮格（Carl G. Jung）著，馮川.蘇克譯：《心理與文學》，〈集體無意識〉，頁 53。榮格說：「儘管看起來我們整個的無意識精神生活都可以歸於阿利瑪一身之內，但她卻至多不過是許多原型中的一個罷了。……不管在男性還是女性身上，都伏居著一個異性形象，從生物學的角度來說，僅僅是因爲有更多的男性基因才使局面向男性的一方發展。少數的女性基因似乎形成了一種女性性格，只是因爲這種女性性格的從屬地位，所以它通常停留在無意識之中。」榮格（Carl G. Jung）著，馮川.蘇克譯：《心理與文學》，〈集體無意識〉，頁 78。

不以爲病，而謂之藥，故作此文。禪欲解人縛，今之禪者爲禪縛，亦猶世人言夢持吉凶諸想者爲夢縛耳。〔註 57〕

董說認爲夢具有療病的功效，禪能助人脫纏解縛，夢亦如是，因此董說仿廬山慧日雅禪師的〈禪本草〉而寫作〈夢本草〉，在《牡丹亭》中，夢的本質恰好能令人解憂治病的。但夢境不能執著，若執著夢境的吉凶，則使夢成爲束縛，正如禪本能助人脫纏解縛，而世人卻反被禪法所縛，藥能療病，但若誤用則藥也是毒。

杜麗娘遊園之後得到所謂的「骯髒病」，骯髒是光明、清潔的反諷，春前病被視爲是骯髒的，自小閨訓嚴格的閨秀竟患此病，身爲父親的杜寶深感心疼，杜寶除了反對禳解外，又責怪杜母對女兒的照顧不週到，云：「一箇哇兒甚七情？則不過往來潮熱，大小傷寒，急慢風驚。則是你爲母的呵，眞珠不放在掌中擎，因此嬌花不奈這心頭病。」〔註 58〕但麗娘的傷春何嘗不是人之常情，湯顯祖是泰州學派羅汝芳的弟子，泰州學派的思想家如：李卓吾等人向來是注重人倫日用的，宋儒所說的「存天理」、「去人欲」至泰州學派李卓吾等人思考面向著重於如何「在理的光芒下，去暴露那種童心我欲」，溝口雄三認爲：

李卓吾「借助於《童心說》的標榜，在混沌之中納入了眞心和赤子之心，而靠眞心和赤子之心等的清淨，孝、悌、慈的明淨，在童心中塗上了我欲的污泥。並且，他還試圖在理的光芒下，去暴露那種童心我欲。這個光明和污濁的混沌狀態，就是李卓吾的童心。〔註 59〕

李卓吾認爲理的出發點必須以人爲本位，並重視達情遂欲，這是卓吾所認爲符合人心的作法，這可視爲是鬆動對立的天理與人欲觀之先聲，這與宋儒（朱子學）重視「存天理、去人欲」的思維面向有所不同，因此麗娘所患的骯髒病，事實上並不骯髒，這是童心與赤子心的展現，湯顯祖的好友袁宏道曾說：

世人終身受病，惟是一明，非貪嗔癡也。因明故有貪有嗔及諸習氣。試觀市上人，衣服稍整，便恥擔糞，豈非明之爲害？凡人體面過不得處，日用少不得處，皆是一箇明字使得不自在。小孩子明處不多，

〔註 57〕董說：《豐草菴（庵）前集》，收入四庫禁燬書叢刊編纂委員會編：《四庫禁燬書叢刊》（北京：北京出版社，2000 年），集部第 33 冊，卷 3，頁 105。

〔註 58〕湯顯祖原著，徐朔方、楊笑梅校注：《牡丹亭》，第 16 齣，〈詰病〉，頁 98。

〔註 59〕請參溝口雄三著，陳耀文譯：《中國前近代思想之曲折與展開》（上海：上海人民出版社，1997 年），頁 186。

> 故習氣亦少。今使赤子與壯者較明，萬不及一；若較自在，則赤子天淵矣。〔註 60〕

杜寶、陳最良等儒者終身的弊病，便是追求一「明」（即理學家所謂的「天理」），雖然理學家非議貪嗔癡，但是追求「明」卻反而使人因法執而有貪、嗔等諸習氣。袁宏道舉例：若人衣服整潔便恥於污穢（擔糞），這是「明」（光明）之害？越是講究體面、光明者越是活得不自在，小孩子對所謂「明」、面子講究不多，對禮法認識不深，反而習氣較少並活得自在。楊玉成指出：「清潔和污穢是一個相互界定的體系……骯髒（污穢、噁心、異端）不是一種物理屬性，也不是一種實體，骯髒取決於體系和秩序。反過來說，污穢總是跨越秩序和邊界，是差異的產物，威脅著理性、正常、秩序的霸權，具有解構的潛力。」〔註 61〕杜麗娘與瑤芳公主的骯髒病意味著違反常態與秩序，杜麗娘尚未婚配，但其自由意志的展現威脅著社會禁忌，〔註 62〕瑤芳公主的骯髒病則對污穢提出質疑，事實上「煩惱即菩提」，在湯顯祖眼中骯髒病非但不骯髒還揭示著眞理。

三、湯顯祖與晚明文化的醫病隱喻

湯顯祖在《牡丹亭》中設計了兩位理學的信仰者：一是麗娘之父——

〔註 60〕 袁宏道：《珊瑚林》，北京圖書館藏明清響齋刻本，收入續修四庫全書編纂委員會編：《續修四庫全書》（上海：上海古籍出版社，1995 年），冊 1131，卷下，頁 38。

〔註 61〕 楊玉成：〈啓蒙與暴力——李卓吾與文學評點〉，收入黃惠娟主編：《台灣學術新視野——中國文學之部（二）》（台北：五南圖書出版股份有限公司，2007 年），頁 963。楊玉成以英國人類學家瑪麗・道格拉斯（Mary Douglas）所說理論作爲詮解，瑪麗・道格拉斯（Mary Douglas）：「髒絕不是獨一無二的、孤立的事件。哪裡有髒，哪裡就有一個體系。髒是一個有序體系和一種事物分類的副產品，如果秩序包括否棄不恰當因素的話。」瑪麗・道格拉斯（Mary Douglas）：〈純潔與危險〉，收入 Robert Bocock & Kenneth Thompson 編，龔方震、業露華等譯：《宗教與意識形態》（成都：四川人民出版社，1992 年），頁 141。

〔註 62〕 李艷梅指出：「性與神秘感是二而一的東西。這種神祕性與私下未能公開的特性，在宋元以後，更由於道學家『存天理』『去人欲』的觀念影響，使得人們更怯於公然地談論與性相關的議題，因此，被視爲『人欲』的『性』，自然無法獲有在正式、公開場合中被談論的合法社會基礎。」李艷梅：《《三國演義》與《紅樓夢》的性別文化初探：以男義女情爲核心的考察》（台北：輔仁大學中國文學研究所博士論文，2002 年），頁 128。

杜寶，另一位是由儒者變爲醫者的陳最良。湯顯祖在劇中常藉由這兩位儒者嘲笑固執、不知變通的腐儒。十八齣《診崇》中，寫陳最良治病，用《詩經》詩句開庸俗處方，既是笑料，亦是一種藥。儒醫陳最良爲杜麗娘診治春前病，春香道：「這病便是『君子好求』上來的。」陳最良說：「這病有了君子抽一抽，就抽好了。」〔註 63〕這一連串的問答雖是笑料，亦是反諷，有時反諷反而接近眞理，反諷能讓人拋棄根深柢固的成見，笑話也是反諷的形式，笑話常能解構假象揭示眞理，所謂的戲笑語，並非全然不可取，正如同佛家《百喻經》以近於戲笑的方式解說佛法眞義，《百喻經》之〈偈頌〉云：

> 此論我所造，和合喜笑語。多損正實說，觀義應不應。如似苦毒藥，和合於石蜜。藥爲破壞病，此論亦如是。正法中戲笑，譬如彼狂藥。佛正法寂定，明照於世間。如服吐下藥，以酥潤體中。我今以此義，顯發於寂定。如阿伽陀藥，樹葉而裹之。取藥塗毒竟，樹葉還棄之。戲笑如葉裹，實義在其中。智者取正義，戲笑便應棄。〔註 64〕

戲笑語正像是裹在苦藥上的糖衣，智者能透過近乎戲笑的文字而得經典的眞實義。

而杜寶等迂闊、衛道人士在女兒還魂後人間，竟認爲必是「花妖狐媚，假託而成」，在皇帝面前，杜寶不認女兒，要皇帝「向金階一打，立見妖魔」，柳夢梅哭著說：「好狠心的父親」，〔註 65〕後來，杜母也出現了，杜寶也認爲妻子已死，也認爲是「妖鬼捏作母子一路，白日欺天」，〔註 66〕但皇帝還是判定了杜麗娘是「重生」，使一家終告團圓，而聖旨下，全家都受褒封，而有個喜劇的收尾。

湯顯祖四十九歲，棄官歸臨川，並作《牡丹亭還魂記》，《牡丹亭》中男女主角透過「生病」經驗促使兩人穿越生死的藩籬體會至情，湯顯祖說：「天下女子有情，寧有如杜麗娘者乎？夢其人即病，病即彌連，至手畫形容，傳於世而後死。死三年矣，復能溟莫中求得其所夢者而生。如麗娘者，乃可謂之有情人耳。情不知所起，一往而深。生者可以死，死可以生。生而不可與

〔註 63〕湯顯祖原著，徐朔方、楊笑梅校注：《牡丹亭》，第 18 齣，〈診崇〉，頁 113。
〔註 64〕請參僧伽斯那等撰：《百喻經》（台北：新文豐出版股份有限公司，1993 年），頁 115～116。
〔註 65〕湯顯祖原著，徐朔方、楊笑梅校注：《牡丹亭》，第 55 齣，〈圓駕〉，頁 344。
〔註 66〕湯顯祖原著，徐朔方、楊笑梅校注：《牡丹亭》，第 55 齣，〈圓駕〉，頁 346。

死，死而不可復生者，皆非情之至也。」〔註 67〕湯顯祖寫作《牡丹亭》時把至情當作人間的靈丹妙藥。

而湯顯祖分別作於五十一歲及五十二歲的《南柯夢》、《邯鄲夢》傳奇中的藥、病隱喻則透露五蘊歸空的意涵，〔註 68〕由情入空這也反應出湯顯祖思想略有變革，《南柯記》中淳于棼進入一個小世界——蟻國，原本不得志的落魄書生，在蟻國功成名就享盡榮華富貴，直到公主生病，才點出蟻國的後續發展，公主的病是無常的示現，因爲有此無常使淳于棼經歷一連串的逆境，〔註 69〕最後了悟夢境，公主的病類似佛陀示現病與無常的妙蘊。湯顯祖寫作《邯鄲記》，已棄官歸家三年，此年又被吏部以「浮躁」正式罷職。湯顯祖在《答張夢澤》的信中說：「問黃梁其未熟，寫盧生于正眠。蓋唯貧病交連，故亦嘯歌難續。」〔註 70〕《邯鄲夢》中的盧生，在邯鄲國擔任宰相並封趙國公，四子皆當官，享用一切世間的榮華富貴，夢中盧生八十餘歲時，忽病，皇帝賜御醫加以「視藥調膳」，但盧生已「魂飛散揚，爭些兒要得身亡喪。」御醫診治後盧生仍不治，因此盧生遂上表謝恩云：「人生到此足矣。」〔註 71〕盧生醒來方知一切都是夢，店家的黃梁米飯猶未熟，盧生於是省悟，拜呂洞賓爲師，《邯鄲記》中盧生在夢中享盡榮華富貴，之後雖因病而死卻覺得人生無憾，湯顯祖寫盧生的病、死，也道出榮華富貴畢竟歸於空的思想意涵，歸空、遁入空門便是佛、道藥方，悟得人生無常便是覺，自覺便是藥。李卓吾與湯顯

〔註 67〕湯顯祖原著，徐朔方、楊笑梅校注：《牡丹亭》，〈作者題詞〉。

〔註 68〕湯顯祖早年三十歲的劇作亦有類似的思想意涵，《紫簫記》31 齣〈皈依〉中老和尚四空要渡脫杜黃裳「著他早尋證果，永斷浮花。」老和尚四空禪師說：「俺原不曾説酒色財氣四空，俺是説地火水風俱生於空，畢竟歸空，故號四空。」老和尚提示杜黃裳五蘊歸空，杜黃裳便及時頓悟，四空和尚形象頗有佛爲醫王的象徵意涵。湯顯祖原著，曲家源評注：《紫簫記評注》（長春：吉林人民出版社，2001 年），頁 428。

〔註 69〕王安庭《南柯記評注》〈劇情梗概〉中說：「失去了公主的庇護，淳于棼受到右相段功的攻訐，逐漸被蟻王冷落，精神苦悶。瓊英、靈芝、上眞三人乘虛而入，與淳于棼淫亂無度。蟻王一怒之下，派紫衣使者將淳于棼遣送回人間。淳于棼的魂靈與肉體相附後，仍然執迷不悟，念念不忘出將入相的榮華富貴以及與瑤芳公主的情緣。契玄禪師作法，一劍砍斷情緣，淳于棼這才如夢方醒，立地成佛。」湯顯祖原著，王安庭評注：《南柯記評注》（長春：吉林人民出版社，2001 年），〈劇情梗概〉，頁 26。

〔註 70〕湯顯祖原著，李曉評注：《邯鄲記評注》（長春：吉林人民出版社，2001 年），頁 467。

〔註 71〕湯顯祖原著，李曉評注：《邯鄲記評注》，頁 652。

祖的藥病隱喻對儒家執一定理的腐儒有所嘲諷，湯顯祖更以藥病爲喻爲自由意志的追求發聲，湯顯祖友人——錢謙益則企圖以藥病爲喻建立一個治療社會病態的經世價值觀。

四、從錢謙益編纂《列朝詩集》談起

明亡之後，柳如是（1618～1664）〔註 72〕曾勸錢謙益殉明，但錢謙益不肯，錢謙益先是降清後來又倡反清復明，錢謙益的降清之舉，使其歷史評價出現兩種極端的看法，錢謙益死後百餘年，清高宗燬禁錢謙益的著作，並於乾隆三十四年（1769），頒佈上諭稱：

> 錢謙益本一有才無行之人，在前明時，身躋膴仕，及本朝定鼎之初，率先投順，洊陟列卿，大節有虧，實不足齒於人類。朕從前序沈德潛所選《國朝詩別裁集》，曾明斥錢謙益等之非，黜其詩不錄，實爲千古綱常名教之大關。彼時未經見其全集，尚以爲其詩自在，聽之可也。今閱其所著《初學集》、《有學集》荒誕悖謬，其中詆謗本朝之處，不一而足。……而伊既爲本朝臣僕，豈得復以從前狂吠之語列入集中，其意不過欲借此以掩其失節之羞，尤爲可鄙可恥。錢謙益業已身死骨朽，姑免追究，但此等書籍悖理犯義，豈可聽其流傳，必當早爲銷毀。〔註 73〕

清高宗乾隆皇帝認爲錢謙益降清是沒有品德的行爲，有損節操，不足齒於人類，並指出：錢謙益降清卻又詆謗清朝，目的僅是爲了掩護失節之羞，清高宗認爲錢謙益可鄙、可恥，其著作曾遭查禁。事實上，錢謙益在明清之際的

〔註 72〕顧苓在《河東君小傳》載：「河東君者，柳氏也。初名隱雯，繼名是，字如是。爲人短小，結束俏利，性機警，饒膽略。」沈虯的《河東君傳》亦載：「河東君柳如是者，吳中名妓也，……美丰姿，性儇慧。知書善詩律，分題步韻，頃刻立就，使事諧對，老宿不如。四方名士，無不接席唱酬。崇禎戊寅間，年二十餘矣，昌言於人曰：『吾非才學如錢學士虞山者不嫁。』虞山聞之，大喜過望，曰：『今天下有憐才如此女子者乎？吾非能詩如柳如是者不娶。』」請參顧苓《河東君小傳》、沈虯《河東君傳》收入范景中、周書田編纂：《柳如是事輯》（杭州：中國美術學院出版社，2002 年），頁 5、頁 18。柳如是二十四歲時，嫁給年屆花甲的錢牧齋，明亡之後，錢謙益先降清，後又倡反清復明，並編輯《列朝詩集》，柳如是參與編輯女詩人的詩選，合刊在錢謙益的《列朝詩集》裡。

〔註 73〕請參中華書局編：《清史列傳》（台北：台灣中華書局，1962 年），卷 79，〈貳臣傳乙〉，頁 35。

學術地位頗高，在文學上錢謙益是「四海宗盟五十年，心期末後與誰傳」的文壇領袖，〔註 74〕淩鳳翔《初學集序》亦指出：錢謙益力排前後七子之蔽，在詩學上錢謙益儼然成爲另一個新的勢力，淩鳳翔云：前後七子之後，「詩派總雜，一變于袁宏道、鍾惺、譚元春；再變于陳子龍，號雲間體，蓋詩派至此衰微矣。牧齋宗伯起而振之，而詩家翕然宗之，天下靡然從風，一歸於正。其學之淹博，氣之雄厚，誠足以囊括諸家，包羅萬有。其詩清而綺，和而壯，感歎而不促狹，論事廣肆而不誹排，洵大雅元音，詩人之冠冕也。」〔註 75〕其於經學、史學、佛學、道學等亦多通曉，錢謙益論學注重實事求是與清初三大家顧炎武、黃宗羲、王夫之相似，然而論及清學錢謙益卻鮮少被提及，近人郭紹虞指出：「論到清學的開山大師，總推顧亭林、黃梨洲，而不及牧齋，豈不因爲他是貳臣的緣故嗎？豈不因爲他僅僅是文人的緣故嗎？」〔註 76〕錢謙益的降清之舉使自己成了「貳臣」，這是後世對錢謙益評價褒貶不同的肇端之因，如：梁啓超頗能肯定錢謙益的學術成就，認爲錢謙益所著的《初學集》、《有學集》中史料頗多，並且指出錢謙益的《楞嚴蒙鈔》堪稱好書，卻針對其降清一事而認爲其人格一無可取，梁啓超說：

> 更有一位人格極不堪，而在學界頗有名的人，曰錢牧齋。……他是一位東林老名士，但晚節猖披已甚。清師渡江，首先迎降，任南禮部尚書，其後因做官做得不得意，又冒充遺老，論人格眞是一無可取。但他極熟於明代掌故，所著《初學集》、《有學集》中，史料不少。他嘗親受業於釋憨山（德清），人又聰明。晚年學佛，著《楞嚴蒙抄》，總算是佛典注釋裡頭一部好書。他因爲是東林舊人，所以黃梨洲、歸玄恭（歸莊）諸人都敬禮他，在清初學界有相當的勢力。〔註 77〕

陳寅恪則對錢謙益的降清之舉提出較持平的說法，陳寅恪說：「牧齋之降清，乃其一生污點。但亦由其素性怯懦，迫於事勢所使然。若謂其必須始終心悅

〔註 74〕〔清〕黃宗羲撰，〔清〕伍崇曜校刊，嚴一萍選輯：《南雷詩歷》（台北：藝文印書館印行，1965），第一冊，〈八哀詩〉之五，〈錢宗伯牧齋〉，頁 6。

〔註 75〕淩鳳翔〈凌序〉，收入錢謙益著，錢曾箋注，錢仲聯標校：《錢牧齋全集》，冊 3，牧齋初學集，附錄，頁 2229～2230。

〔註 76〕郭紹虞：《中國文學批評史》（天津：百花文藝出版社），下卷，頁 279～280。

〔註 77〕梁啓超：《中國近三百年學術史》（北京：東方出版社，1996 年），〈清初學海波瀾餘錄〉，頁 216。

誠服，則甚不近情理。」〔註 78〕錢謙益的降清之舉，也能反映晚明文人所面臨的困境與抉擇，〔註 79〕並且其學術成就確實難以抹滅，值得探討。本文所要討論的文本——《列朝詩集》，是錢謙益晚年的著作，錢穆認爲：「《列朝詩集》成書於清代，書名爲『列朝詩集』，而不爲『明朝詩集』，但是，卻又於詩集中直稱『本朝』，實可由此看出錢謙益雖投降於清，其心終究在明。」錢謙益於《列朝詩集・序》中，提到《列朝詩集》編輯之因是友人程嘉燧所計畫實行的事情，其曰：

> 錄詩何始乎？自孟陽之讀《中州集》始也。孟陽之言曰：「元氏之集詩也，以詩繫人，以人繫傳。《中州》之詩，亦金源之史也。吾將倣而爲之。吾以採詩，子以庀史，不亦可乎？」〔註 80〕

程嘉燧讀元好問之《中州集》之後認爲：《中州集》能以詩存人、以人存詩，並且《中州集》是元好問身處金代亡國，元代建國之際，深怕詩人之詩作將亡於兵火中而不傳於世，故編輯《中州集》，鼎革之後，錢謙益爲了保存明朝之詩，遂仿效元好問《中州集》編纂之體例，編纂了明代詩選《列朝詩集》，如〈書徐布政賁詩後〉所敘：「余撰此集，倣元好問《中州》故事，用爲正史發端，搜摭考訂，頗有次第。」〔註 81〕陳寅恪認爲：「牧齋於序中詳言其編列朝詩集，雖倣《中州集》，然不依《中州集》迄於癸之例，而止於丁，實寓期

〔註 78〕陳寅恪著：《柳如是別傳》（台北：里仁書局，1981 年），第五章，〈復明運動〉，頁 1024。

〔註 79〕何冠彪指出：「明清之際雖有不少史籍記載明季殉國者的事蹟，可是當時沒有人正式統計殉國者的數目，直到乾隆（1736～1796）中葉，官方統計的數字爲三千八百八十三人，並且認爲是過往朝代所不及。」請參何冠彪：《生與死：明季士大夫的抉擇》（台北：聯經出版事業公司），第二章，〈明季士大夫的殉國人數〉，頁 15。

〔註 80〕錢謙益撰：《列朝詩集小傳》，下冊，〈附錄〉，頁 819。《列朝詩集》有錢謙益的族孫錢陸燦，整理此書之小傳，另成《列朝詩集小傳》一書，錢陸燦言：「《列朝詩集小傳》，先族祖牧齋公入本朝爲秘書院學士，以老謝歸里居，發其家所藏故明一代人文之集，就其詩而品騭之，案其姓氏爵里平生，與其詩之得失，爲小序以發其端。……今上五六年間，余移家金陵，周元亮侍郎、方爾止文學，聚而商於余曰：『君家是書，合之詩，則錢氏之詩序也而可；離之詩，則續《初學》、《又學集》之後而可。否則孤行其書，爲青箱之本、枕中之秘，無不可。』蓋當時海內之愛其文之著如此。」錢陸燦：〈彙刻列朝詩集小傳序〉，收入錢謙益撰：《列朝詩集小傳》，上冊，〈彙刻列朝詩集小傳序〉，頁 1。

〔註 81〕錢謙益撰：《列朝詩集小傳》，上冊，〈書徐布政賁詩後〉，頁 158。

望明室中興之意。」〔註 82〕錢謙益說：「癸，歸也，於卦爲歸藏，時爲冬令。月在癸曰極丁。丁，壯成實也。歲曰強圉。萬物盛於丙，成於丁，茂於戊。於時爲朱明，四十強盛之年也。」〔註 83〕身處明亡之際，其仿效元好問編輯《中州集》之事，起而編輯《列朝詩集》，這兩部詩集皆有以詩存史的意圖。元好問《中州集》蒐集金人之詩作，並爲詩人寫傳記，錢謙益亦是以明遺民的身份編纂《列朝詩集》，保存明代詩人的著作並爲詩人作小傳，這其中寓有保存史料、建構歷史的意味。錢謙益對自身身爲貳臣有著愧疚感，明亡之後錢謙益〈與侯月鷺〉書中曾云：

> 不肖老矣，頭童齒豁，一無建豎。惟此三寸柔翰，忝竊載筆，不用此表揚忠正，指斥奸回，定公案於一時，徵信史於後世，依違首鼠，模稜兩端，無論非所以報稱知己，取信汗青，其如此中耿耿者何哉！〔註 84〕

錢謙益懺悔一己之無建樹，願以筆力表揚忠正，斥責奸險，因此立志定公案、徵信史以昭後世，錢鍾書指出錢謙益對於「不順事二姓而又皈依三寶，則其人美俱難并，錢氏尤道之津津」。〔註 85〕錢謙益對史的書寫動機可以是出於救贖感：先是降清而後從事反清復明的地下革命，並試圖以立史建立新的秩序。錢謙益曾在明亡之後爲節婦徐氏作墓誌銘，自言慚愧，思及節婦未能殉夫，是爲了亡夫的託付，爲了完成爲人母的職責；〔註 86〕換言之，錢謙益之不死

〔註 82〕陳寅恪撰：《柳如是別傳》，下冊，頁 987。

〔註 83〕錢謙益撰：《列朝詩集小傳》，下冊，〈附錄〉，頁 820。潘冬梅指出：「錢氏此書主體只有甲乙丙丁四集，止於丁，或是其遺民心緒的表露，因爲「戊」寓「朱明」也可以看出他認爲明詩到後期，是文運極盛的。但對於乾集、閏集未作解釋，其實意思很明白。乾者寓天綱之意，收明代帝后詩；閏者，閏餘也，凡非正者謂之閏，故收僧道、香奩等詩。請參潘冬梅：〈文本・作品・性別——淺議《列朝詩集・閏集》香奩部分的編選與時代〉，刊於《中國文學研究》，第 2 期（2005 年），頁 54。

〔註 84〕錢謙益：〈與侯月鷺〉，收入錢謙益著，錢曾箋注，錢仲聯標校：《錢牧齋全集》，冊 7，牧齋雜著，錢牧齋先生尺牘卷第一，頁 233。

〔註 85〕參閱錢鍾書：《管錐編》（北京：中華書局，1980 年），第 4 冊，頁 1266。

〔註 86〕曼素恩指出：「在跨越明、清兩代的這段期間，貞節婦女的理想典型也有了些微的轉變。……即使在十八世紀，爲了維護貞操而犧牲生命的行爲，仍然是模範婦女傳記中的一個醒目的主題；然而，長期受苦的寡婦，卻使戲劇化的自殺行爲在盛清婦女傳記中黯然失色。」曼素恩著，楊雅婷譯：《蘭閨寶錄：晚明至盛清時的中國婦女》（台北：左岸文化出版，2005 年 11 月），第一章，〈導論〉，頁 42。

是爲了日後有所作爲，任重道遠，在〈明旌表節婦從祖母徐氏墓誌銘〉一文中錢謙益說：「謙益不忠不孝，慚負天地，其敢靦然執筆，貽羞簡牘，若節婦之爲妻爲婦爲母，盡瘁于我錢氏，不忍以弗之志也。……嗚呼！女婦之殉夫，臣子之殉國；其于生死之難也，一而已矣。傳不云乎？召忽之死也，賢其生也。管仲之生也，賢其死也。靡之不死相也，嬰之不死朔也，與夫人之不死何異？靡祀夏，嬰立趙，死者復生，生者不慚，而後乃知其賢于死也。節婦之于錢，夏之靡，趙之嬰也。其不死也，以有爲也，以有待也。其視夫引刀雉經，以一死爲能事者，孰難孰易，亦顧所自矢者而已矣。雖然，必如節婦，而後可以不死；必使節婦之不死，而後可以有辭于死者。」〔註 87〕錢謙益認爲自己貳臣的身份不配爲節婦烈婦立傳，但不忍其事蹟淹沒方爲之作傳，但就是在這篇節婦墓誌銘中，錢謙益道出自己之所以不能殉國的原因，黃衛總指出：

> 我們完全可以把這段議論讀作錢謙益的自辯狀。……如他那時「以一死爲能事」而輕易地殉了國，則後來怎麼有機會再幫助那些反清復明的人士呢？更不要說作他的學問，著書以存漢文化方面的貢獻了。〔註 88〕

黃衛總指出：「確實在錢謙益明亡以後的作品中有關節婦的文章不多，而有關烈女的則更少。對一個苟活異族新朝並做過貳臣的人來說，節烈當然是一個非常敏感而甚至難堪的題目。」〔註 89〕或許對錢謙益而言「節烈當然是一個非常敏感而甚至難堪的題目」但對卻是柳如是極力褒揚、書寫的對象，在錢謙益和柳如是合編的《列朝詩集》〈香奩集〉中記載了諸多貞烈節婦的傳記，節烈是錢、柳極力褒揚的對象，如：「武定橋烈婦」條載：「靖難後，誅僇臣僚，妻子發教坊，或配象奴。有一烈婦，題詩於衣帶間，赴武定橋河而死。」〔註 90〕烈婦因不甘他嫁而殉夫。另，鄭高行鄧氏是「儒士鄭坦妻，坦卒，封

〔註 87〕錢謙益：〈明旌表節婦從祖母徐氏墓誌銘〉，收入錢謙益著，錢曾箋注，錢仲聯標校：《錢牧齋全集》，冊 6，牧齋有學集，卷 33，頁 1193～1194。

〔註 88〕黃衛總：〈國難與士人的性別焦慮——從明亡之後有關貞節烈女的話語說起〉，收入王瑷玲主編：《明清文學與思想中之主體意識與社會——文學篇》（臺北：中央研究院中國文哲研究所，2004 年），頁 396。

〔註 89〕黃衛總：〈國難與士人的性別焦慮——從明亡之後有關貞節烈女的話語說起〉，收入王瑷玲主編：《明清文學與思想中之主體意識與社會——文學篇》，頁 395。

〔註 90〕錢謙益撰：《列朝詩集小傳》，下冊，〈武定橋烈婦〉，頁 727。

雙耳自誓。」〔註 91〕夫死遂割耳自誓的烈婦存其事蹟，借此以存其人，葛高行文「少寡，自誓，作九騷九篇以見志。辭義典雅，稱其風烈。」〔註 92〕年少即守寡的婦女其風烈的文章亦不應遭埋沒。方孔炤妻吳氏「相夫教子，具有儀法。不幸早世，其姑方維儀，搜其遺稿傳世」，〔註 93〕能相夫教子的吳氏亦明列小傳中。張秉文妻方氏，不僅能讀詩書，亦有婦德。因年二十餘歲未生子，爲其夫秉文納妾，……其欲殉夫要求侍婢曰：「事急則推我入池水中。」城陷，臨池痛哭，趣呼侍婢曰：「推我，推我！」遂墮池水而死。〔註 94〕周玉簫其夫繫獄七年，欲遣玉簫，「玉簫誓死不去。……玉簫一弱女子，好譚古今節義事，常采古列女懿可法佚可戒者。」〔註 95〕然而柳如是認爲玉蕭的詞雖不文，仍將她名列《列朝詩集》中，只因玉蕭是一名講節義的貞婦好節義，王素娥「生有淑德，長能詩文，尤妙女紅。年十七，歸胡節。節以攻曹死北畿，素娥誓無他志。」〔註 96〕夫死之後立誓不再嫁者亦是《列朝詩集》中頗爲著重者，黃氏淑德「夫亡自誓，長齋禮佛，坐臥一小樓。年三十四，遘疾，合掌稱佛號而亡。」〔註 97〕夫死自誓從此潛心修佛亦是堅貞無比的表現。貞婦、烈婦殉夫的故事突顯出堅貞的重要性，錢謙益、柳如是未能殉明，故起而編輯《列朝詩集》，《列朝詩集》中記載貞婦、烈婦的故事，〈香奩〉集中廣泛收錄堅貞婦女的傳記，黃衛總曾指出：「未能死國殉節所造成的罪孽感，迫使這些遺民更熱衷中於記錄頌揚那些已經死節了的忠臣烈女。」〔註 98〕書寫

〔註 91〕 錢謙益撰：《列朝詩集小傳》，下冊，〈鄭高行鄧氏〉，頁 731。

〔註 92〕 錢謙益撰：《列朝詩集小傳》，下冊，〈葛高行文〉，頁 734。

〔註 93〕 錢謙益撰：《列朝詩集小傳》，下冊，〈方孔炤妻吳氏〉，頁 735。

〔註 94〕 錢謙益撰：《列朝詩集小傳》，下冊，〈張秉文妻方氏〉，頁 735。

〔註 95〕 錢謙益撰：《列朝詩集小傳》，下冊，〈女郎周玉簫〉，頁 737。

〔註 96〕 錢謙益撰：《列朝詩集小傳》，下冊，〈王素娥〉，頁 743。

〔註 97〕 錢謙益撰：《列朝詩集小傳》，下冊，〈黃氏淑德〉，頁 752。

〔註 98〕 黃衛總：〈國難與士人的性別焦慮——從明亡之後有關貞節烈女的話語說起〉，收入王瓊玲主編：《明清文學與思想中之主體意識與社會——文學篇》，頁 393。陳東原指出：「《二十四史》中的婦女，連《烈女傳》及其他傳中附及，《元史》以上，沒有及六十人的。《宋史》最多只五十五人；《唐書》五十四人；而《元史》竟達一百八十七人。《元史》是宋濂他們修的，明朝人提倡貞節，所以搜羅的節烈較多，一方面他們的實錄與志書，又多多的記載這些女人節烈的事，所以到清朝人修《明史》時，所發現的節烈傳記竟『不下萬餘人』，即掇其尤者，也還有三百零八人，所以纔說『視前史（指《元史》）殆將倍之。』」陳東原：《中國婦女生活史》（上海：商務印書館，1937），頁 180～181。

歷史成爲遺民活下去的理由，《列朝詩集》大量記載了節烈婦女的傳記，說明錢、柳爲忠臣烈女立傳的遺民補恨觀。〔註 99〕

五、高文大冊之外——《列朝詩集》〈香奩〉集之編選視域

（一）高文大冊之外

晚明公安派袁宏道、袁中道寫過很多重視性靈抒發的小品文，此類小品文不同於「高文大冊」、「不親小物」的傳統古文，駱玉明指出：

> （小品文）這一概念的提出，與性靈說有密切關係系，主要是爲了區別于以往人們所看重的關乎國家政典、理學精義之類的「高文大冊」，而提倡一種靈便鮮活、眞情流露的新格調的散文。〔註 100〕

楊玉成亦提出，晚明文人寫作題材多元，包括閨秀傳等，「這種重視庶民、女性的寫作觀念反映晚明文學潮流，與公安、竟陵思潮相呼應。」〔註 101〕筆者論文所論述的議題皆屬「高文大冊」類的命題，錢謙益在其「高文大冊」中亦能關懷女性文選編著，女性所編輯的女性文學創作集可以顯現出女性有意識的爲「女性」在歷史上尋求立足之地，而男性作家所編選的女作家選集，或可視爲男性文人對「非實用價值」文學的青睞，〔註 102〕明清之際的所謂「邊

〔註 99〕王允成曾請求錢謙益爲其節母作傳，錢謙益表示：孝子節婦湮沒幽鬱者多矣，能有機會爲節婦作傳，他是不會推辭的，錢謙益說：「余在史館，承乏外制。凡孝子節婦與被推恩贈封之典者，必謹而書之，不厭詳複。以謂國家崇臺綽楔，倣古表厥宅里之制，然或有及有不及。惟其發聞于子孫，田里婦孺家人蔀屋之事，無不茂著于朝廷之典冊。庶幾見且聞者，嗟咨愾嘆，轉相告語，猶有所感勉而相勸也。今歲南臺侍御王君允成屬余表其父母之墓。余讀憲使張君光縉所排纘事狀，嘆曰：『此所謂應古旌表之法，而發聞于其後者與？』余從事外制，表章天下孝子節婦湮沒幽鬱者多矣，今于侍御父母，得表其隧道之石，猶前志也，其何敢辭？」錢謙益：〈澤州王氏節孝阡表〉，收入錢謙益著，錢曾箋注，錢仲聯標校：《錢牧齋全集》，冊 3，牧齋初學集，卷 67，頁 1547～1548。

〔註 100〕章培恒、駱玉明主編：《中國文學史・下卷》（上海：復旦大學出版社，1996），頁 298。

〔註 101〕楊玉成：〈病人絮語：晚明張大復的疾病與書寫〉（2011 年 11 月 24 日，2011 明清研究前瞻國際學術研討會講稿）。

〔註 102〕孫康宜指出：在明清時代，所謂的「文人文化」是代表「邊緣文人」新文化——它代表了一種對八股文和經學的厭倦以及對「非實用價值」的偏好。首先，它重情，尚趣愛才——特別是崇尚婦才，迷醉女性文本，把編選、品評和出版女性詩詞的興趣發展爲一種對理想佳人的嚮往。孫康宜：〈走向「男女

緣文人」頗注意女性詩人的創作，他們編選並出版女性作家作品，本屬邊緣的女性作家創作因此被重視。〔註 103〕除此之外，女性文集的出版也因應了市場的需求，〔註 104〕出版商的大發利市亦滿足了讀者的偷窺癖，高彥頤指出：「對更新、更大規模女性文字選集的要求，不僅令一些已傳世的才女更廣爲人知，更促使從未見經傳的女詩人得以漸爲人知。就出版商及讀者而言，遍尋塵封檔案與手稿徵集，都帶有一種偷窺癖的味道。」〔註 105〕明清之際編輯女性文學選集頗爲盛行，女性詩詞選集數目之多可謂前所未有，〔註 106〕曹淑娟將隆慶年間（1567～1572）繁榮至明末（1644）的文學潮流稱爲「性靈文學」，受李卓吾「童心說」的影響，文人重視性靈，鍾慧玲亦指出：「心學流行，帶動思想界自由的風氣，而公安派的文學理論，更解放了寫作的桎梏；加以明末世家大族的流風遺韻，遂醞釀了清代婦女的文學發展。」〔註 107〕

（二）在女性身上尋找男性失落的氣質

明末的鍾惺在其《名媛詩歸》指出閨秀詩人創作中「清」的本質，閨秀詩人的清淨來自於與濁世的距離，因此她們在精神、情感上的單純、純淨，明末的鍾惺在其《名媛詩歸》指出閨秀詩人創作中「清」的本質，鍾惺並將「清」視爲一種藝術的理想，鍾惺《名媛詩歸・序》云：「蓋女子不習軸僕與馬之務，縟苔芳樹，養絙熏香，與爲恬雅。」〔註 108〕相較於閨秀的清淨無染，男性社

雙性」的理想——女性詩人在明清文人中的地位〉，收綠於孫康宜：《古典與現代的女性闡釋》，頁 73。

〔註 103〕孫康宜說：「邊緣文人把一向處於邊緣地位的明清的女詩人提高到經典的地位……不斷地強調邊緣文學的重要性，不斷擴大文學的視野，而漸漸把邊緣與主流混而爲一。」孫康宜：〈性別與經典論：從明清文人的女性觀說起〉，收錄於吳燕娜編：《中國婦女與文學論集》（臺北：稻鄉出版社，2001），第二集，頁 138。

〔註 104〕毛文芳指出：「在眾多版畫資料中，以女性爲描繪主題的出版品，數量亦夥，……女性登上版畫畫幅而受到讀者大眾的歡迎。」請參毛文芳：《物・性別・觀看——明末清初文化書寫新探》（台北：學生書局，2001 年），頁 20～21。

〔註 105〕高彥頤著，李志生譯：《閨塾師——明末清初江南的才女文化》（南京：江蘇人民出版社，2005 年），頁 67。

〔註 106〕胡文楷《歷代婦女著作考》一書收錄明清婦女作者多達三千多人。胡文楷：《歷代婦女著作考》（台北：鼎文書局，1973）。

〔註 107〕詳見鍾慧玲：《清代女詩人研究》，第一章，〈序說〉，頁 3。

〔註 108〕鍾惺《名媛詩歸・序》云：夫詩之道，亦多端矣，而吾必取於清。向嘗序友夏《簡遠堂集》曰：「詩，清物也，其體好逸，勞則否；其地喜淨，穢則否；

會的沽名釣譽是文人潛意識極欲掙脫的枷鎖，錢、柳、鍾惺都注意到女性創作中「清」的特質，「清」的性靈美頗受明清女性詩人關注，道家的《太上老君清靜經》云：「夫道者，有清有濁，有動有靜，天清地濁，天動地靜。男清女濁，男動女靜，降本流末，而生萬物。」「男清女濁」——「清」原本是形容男性的清眞之氣，孫康宜說：「另外一個比較富有創新性的策略，確是明清文人的一大發明：那就是強調女性是最富有詩人氣質的性別，因爲他們認爲女性本身具有一種男性文人日漸缺乏的『清』的特質。」又說：「有趣的是，在古代中國，『清』的價値原來是十足地男性化的。」〔註 109〕明清之際的女詩人亦將清眞之氣奉爲學習的圭臬，男性文人在女性身上尋找男性失落的氣質。

鍾惺亦曾編纂女性詩集——《名媛詩歸》，〔註 110〕雖然錢謙益對竟陵派極力的貶抑，但綜觀《名媛詩歸》與《列朝詩集》〈香奩集〉中對「清」的重視是頗爲一致的，陳子龍爲柳如是有緣無份的愛人，他曾幫助柳如是出版詩集《戊寅草》（1638 年），並爲柳如是作〈序〉云：「乃今柳子之詩，抑何其凌清而矙遠，宏達而微恣與？……『柳詩』大都備沈雄之致，進乎華騁之作者焉。」〔註 111〕陳子龍在此〈序〉中提及了柳如是爲文的特點：「凌清而矙遠」，韓愈、蘇軾等唐宋詩人的「清眞」之氣是後世詩人應學習的，錢謙益、柳如是所編的《列朝詩集》〈香奩〉集，對女詩人的「清」與「靈」亦十分重視，柳如是評夏雲英曰：「雲英端正溫良，……嘗取女誡端操清靜之義，名其閣曰『端清』。有《端清閣詩》。」〔註 112〕夏雲英的「清」具有女誡所謂的清靜意含，這是「清」

其境取幽，雜則否；然之數者，本有克勝女子者也。蓋女子不習軸僕輿馬之務，縟苔芳樹，養絙熏香，與爲恬雅。男子猶藉四方之遊，親知四方。……而婦人不爾也。衾枕間有鄉縣，夢魂間有關塞，惟清故也。清則慧，……嗟乎！男子之巧，洵不及婦人矣。其於詩賦，又豈數數也哉？」胡文楷：《歷代婦女著作考》，附錄二，頁 41。

〔註 109〕見〈性別與經典論：從明清文人的女性觀說起〉，收入吳燕娜編：《中國婦女與文學論集》，第二集，頁 140～142。

〔註 110〕《四庫全書總目提要》云：「舊本題明鍾惺編，取古今宮閨篇什，裒輯成書，與所撰《古唐詩歸》並行。其間眞僞雜出，尤足炫惑後學，王士禎《居易錄》亦以爲坊賈所託名。今觀書首有書坊識語，稱名媛詩未經刊行，特覓秘本精刻詳訂云云，核其所言，其不出惺手明甚。然亦足見竟陵流弊，如報讎之變，爲行劫也。」（清）永瑢等撰：《四庫全書總目提要》，第 39 冊，集部，總集類存目三，「名媛詩歸三十六卷」條，頁 4301。

〔註 111〕陳寅恪：《柳如是別傳》，上冊，頁 111～113。

〔註 112〕錢謙益：《列朝詩集小傳》（上海：上海古籍出版社，2008 年），下冊，〈夏氏雲英〉，頁 726。

的空靈與清靜的表現，柳如是評方維儀爲「守志于清芬閣，並著有《清風閣集》」，〔註 113〕女性的創作有「清」的評價之外，女詩人亦喜以，「清」字爲自己的閨閣命名，夏氏雲英的閨閣稱爲「端清」閣，方維儀的閨閣是「清芬閣」，女性閨閣的「清」與女性作家氣質的「清」受到注目。

柳如是認爲才女雲間女子斗娘亦具有「清」的特質，云：「聞者愛其語意清雅」，〔註 114〕又錢王孫妻袁氏「少讀經史，尤深內典。詩文清麗，書法遒媚。」〔註 115〕柳如是評金陵曲中名妓孫瑤華「詩字皆清勁婉約，眞閨房之秀也」，〔註 116〕十二名妓中趙今燕的「清言楚楚」柳如是以清雅、清麗、清勁婉約、清言楚楚等語評價女詩人的風格，這代表了一種脫俗與典雅、質樸。

（三）以詩存人

1. 不忍淹沒女性身影

在明、清之際著手編選女性創作的編者有男性也有女性，女性所編輯的女性文學創作集可以顯現出女性有意識的爲「女性」在歷史上尋求立足之地，如大木康所說的：「如皋才子冒襄側室的才女董小宛，曾經在閱讀之際抄寫了有關女性的資料，最終編成了《奩艷》一書。根據冒襄《影梅庵憶語》的記載，正是顧媚與龔鼎孳在看了《奩艷》之後，十分欽佩董小宛的文筆而建議將之出版的。像董小宛這樣的女子積極地收集關於女性資料的舉動，可以說是彰顯女性意識的表現吧。」〔註 117〕董小宛編選女性創作並集結出版《奩艷》一書，其丈夫冒襄支持此書出版，這是董小宛爲女性作品得以被保留而做出的努力，《列朝詩集》中亦記載了女性希望留下身後名的聲音，《列朝詩集》「項氏蘭貞」條記：「臨歿，書一詩與卯錫訣別，曰：『吾於塵世，他無所戀，惟《雲》、《露》小詩，得附名閨秀後足矣。』」〔註 118〕項氏蘭貞臨終前所關懷的事是自己的創作是否能被存留下來。另，《列朝詩集》中頗爲詳細地記載了葉紹袁、沈宜修一家人的傳記，沈宜修的伯父沈璟是著名的作家，弟弟沈自徵

〔註 113〕錢謙益：《列朝詩集小傳》，下冊，〈附見姚貞婦方氏〉，頁 736。

〔註 114〕錢謙益：《列朝詩集小傳》，下冊，〈雲間女子斗娘〉，頁 743。

〔註 115〕錢謙益：《列朝詩集小傳》，下冊，〈錢王孫妻袁氏〉，頁 749。

〔註 116〕錢謙益：《列朝詩集小傳》，下冊，〈孫瑤華〉，頁 759。

〔註 117〕大木康：〈清代女詩人與柳如是——介紹日本澄懷堂美術館藏《顧媚畫柳如是書合璧冊》〉收入鄭毓瑜編：《中國文學研究的新趨向》（台北：台大出版中心，2005 年），頁 30。

〔註 118〕錢謙益：《列朝詩集小傳》，下冊，〈項氏蘭貞〉，頁 753。

也為知名戲曲家，沈宜修與女兒葉紈紈、葉小紈、葉小鸞常「相與題花賦草，鏤月裁雲。中庭之詠，不遜謝家；嬌女之篇，有逾左氏。」〔註 119〕錢、柳將葉氏家族喻為謝氏與左氏家族，晚明家族對才女培育的苦心及對謝道韞的詠絮之才的重視由此可見。沈氏宛君條載：

> 小鸞年十七字崑山張氏，將行而卒。未幾，紈紈以哭妹來歸，亦死。葉氏宛君神傷心死。幽憂憔悴，又三載而卒。仲韶於是集宛君之詩曰「鸝吹」，紈紈之詩曰「愁言」，小鸞之詩曰「返生香」，及哀輓傷悼之什，都為一集，而蕙綢「鴛鴦夢」雜劇傷姊妹而作者，亦附見焉。總曰「午夢堂十集」，盛行於世。〔註 120〕

葉紹袁編輯《午夢堂十集》紀念妻女，葉家的幼女葉小鸞年十七歲將要出嫁前五日無故而卒，小鸞的逝世使紈紈過度哀傷，不久後哭妹傷心過度亦死。宛君神傷心死幽憂憔悴，三年後亦卒。因此，葉紹袁編輯妻女的作品以為紀念，他集結其妻宛君之詩稿編成《鸝吹》集，編葉紈紈的詩集為《愁言》集，編葉小鸞的詩集名為《返生香》，葉紹袁並將《鸝吹》、《愁言》、《返生香》及哀輓傷悼之詞并次女蕙綢的《鴛鴦夢》合為《午夢堂十集》。

沈宜修（宛君，1590～1635）的《伊人思》為葉小鸞、葉紈紈過世後，沈宜修編輯女兒的和當代名媛的作品，《列朝詩集》「沈氏宛君」條記：「於是諸姑伯姊，先後娣姒，靡不屏刀尺而事篇章，棄組而工子墨。松陵之上，汾湖之濱，閨房之秀代興，彤管之詒交作矣」〔註 121〕沈宜修憂心當時名媛之作無人整理，懼時日既久這些作品將無人知曉，於是她著手進行編輯工作，沈宜修所編輯的女性文學選集，以家族詩人為中心著手進行編纂女詩人選集，〔註

〔註 119〕康正果指出：「才女的湧現首先取決於社會和家庭重視女子詩才的程度。」「在普遍崇尚文采的士大夫階層中，受到父兄薰染的才女因此得到了表現詩才的機會。綜觀魏晉南北朝的才女，他們幾乎全都家學淵源，得力於父兄的引導。如『詠絮才高』的謝道韞出身於東晉的最高門第，鮑令暉是大詩人鮑照的妹妹，留下四卷文集的韓蘭英榮任齊武帝朝中的女博士，劉令嫻出身於著名的文學家庭，才思敏捷的沈滿願是沈約的孫女，所有這些女詩人幾乎都是從書香門第中培養出來的。她們是第一批有意為詩的才女。」請參康正果：《風騷與豔情——中國古典詩詞的女性研究》，第八章，〈婦女詩詞：才女的才情和詩名〉（台北：雲龍出版社，1991 年），頁 352、354。

〔註 120〕錢謙益：《列朝詩集小傳》，下冊，〈沈氏宛君〉，頁 753～754。

〔註 121〕錢謙益：《列朝詩集小傳》，下冊，〈沈氏宛君〉，頁 753。

〔註 122〕沈宜修的《伊人思》即是以家族女性為中心，著手進行編纂的女性文集，王萌指出：「沈氏家族出現了十幾位女詩人，除沈宜修母女外，還有沈宜修的妹

122〕呈現出一種欲以詩存人的意識。《列朝詩集》云：「余錄宛君母女詩，頗存挽詞之佳者，不問存歿，俾一時女士之名，附以傳於世，亦憐才之微意也。」〔註 123〕《列朝詩集》之所以記載沈宜修之事蹟是因爲憐才，也是爲了保存女性作品。〔註 124〕王端淑《名媛詩緯初編》〔註 125〕丁聖肇序亦云：「《名媛詩諱》何爲而選也？余內子玉映不忍一代之閨秀佳詠，湮沒煙草，起而爲之，霞披霧緝。」又云「至於閨中諸秀內言不出，傳之者誰耶？」〔註 126〕明清女作家編選女性文集的意識多有以詩存人、存史的意味，清代女詩人汪端的《明三十家詩選》梁德繩曾爲之序，云：「茲集之選雖曰詩選，實史論也。……虞山蒙叟《列朝詩集》富矣，冗雜無次序；小長盧釣師《明詩綜》較有次序，亦博而不精；沈歸愚《明詩別裁》即《明詩綜》約顯之沿襲，皆前人舊說，無足觀覽。」〔註 127〕梁德繩指出：汪端可與文壇大家錢謙益、朱彝尊、沈德潛

妹沈智瑤，堂姐妹沈大榮、沈靜專、沈媛，沈宜修的弟婦張倩倩（沈自徵妻）、李玉照（沈自徵繼室），侄女沈憲英（沈宜修子葉世傛室）、沈華鬘，堂侄女沈蕙端、沈蕙玉、沈關關、沈茝紉，外甥女周蘭秀（沈媛女），以及葉小紈的女兒沈樹榮等。」王萌：〈明清女性創作群體的地理分布及其成因〉，刊於《中州學刊》，第 6 期（2005 年 11 月），頁 219～220。

〔註 123〕錢謙益：《列朝詩集小傳》，下冊，〈沈氏宛君〉，頁 754。

〔註 124〕鍾慧玲指出：「由於閨閣篇什不爲世人所重，故易散失不傳，明清婦女選家已瞭然於此，因此其甄採多注重當代文獻，遂使裒輯的工作具有十分特殊的意義。」請參鍾慧玲：《清代女詩人研究》（台北：里仁書局，2000 年），第二章，〈清代女詩人興盛的原因〉，頁 148。《伊人思》沈宜修序有云：「世選名媛詩文多矣，大都習於沿古，未廣羅今。太史公傳管晏云：『其書世多有之，是以不論，論其軼事。』余竊倣斯意，既登琬琰者，弗更採擷。中郎帳秘，廼稱美談。然或有已行世矣，而日月湮焉，山川阻之，又可歎也。若夫片玉流聞，並及他書散見，俱爲彙集，無敢棄云，容俟博蒐，庶期燦備爾。」葉紹袁編：《午夢堂集》（北京：中華書局，1998 年），頁 538。

〔註 125〕楊玉成指出：「《名媛詩緯》所收閨秀作家部分是王端淑自己的親族，包括大姊王靜淑（玉隱），妹王貞淑（玉瞶），大嫂陳德卿，弟媳徐安吉、姜廷栴，丈夫之妾陳素霞，女兒丁君望（妾陳素霞所生），嫂張嗣音、徐爾芳、沈理、鄒蓮午、陳安人，姪女丁鴻儀，甥女陳金徽等，這種現象使《名媛詩緯》某種程度帶有家族的私人色彩。」楊玉成：〈纂就散絲盈絡緯：王端淑《名媛詩緯》的文學視域〉（課堂講義未刊稿），頁 4。

〔註 126〕《名媛詩緯初編》，〈丁聖肇序〉。鍾慧玲指出：「端淑慓於對歷史的認識，自覺責無旁貸，同時又基於「憐才之心過於自憐」的心理，因此採選的工作自具有強烈的使命感。」請參鍾慧玲：《清代女詩人研究》，第二章，〈清代女詩人興盛的原因〉，頁 148～149。

〔註 127〕汪端：《明三十家詩選》，〈梁德繩序〉。王婕指出從選錄、批評標準來看，《明三十家詩選》主要有如下特色：一、力主「清者詩之神」，「眞者詩之骨」。二、

競爭與抗衡甚至凌駕其上，梁德繩的話語點出了女性在文學場中的新位置，女性開始被視爲具有競爭力的對手，這是在文學場域中的女性新角色，頗値得玩味。朱彝尊（1629～1709）在文學上與錢謙益有著競爭的關係，朱彝尊不滿《列朝詩集》的編選視角，認爲錢謙益有所疏漏，評價亦不夠公允，故起而輯有《明詩綜》，這是明清建構經典與競爭的現象，汪端《明三十家詩選》亦加入了場域經典的競爭角力中。

2. 被吞噬的「好人」——早夭的才女

明清之際才女早夭的浪漫傳奇故事頗多，孫康宜指出：「在明清兩代，婦女詩歌創作達到了空前的繁榮。胡文楷的《歷代婦女著作考》一書就收錄明清女作者多達三九一五人，其中絕大多數是詩人。……有不少人屬於「才女命薄」的那一類，……以施淑儀的《清代閨閣詩人徵略》卷八爲例，該卷共收一六五人，而其中遭遇各種不幸者竟有七十三人，占該卷總數的百分之四十四・二四。」〔註 128〕葉紹袁家中的才女便是著名的例子，小鸞亡後七日，身體輕軟，家人曾透過靈乩探尋葉小鸞的下落，《列朝詩集》載：根據乩童所言宛君、昭齊往生後皆到無葉堂修行，宛君法名智頂，字醯眼。昭齊，法名智轉，字珠輪，小鸞，月府侍書女也，本名寒簧，今復名葉小鸞矣，女人靈慧往生後可至無葉堂修行，所謂「女人靈慧」顯示出晚明的才女觀，靈慧的女子早夭是上天的疼愛，葉小紈的雜劇《鴛鴦夢》是作者悼念姊紈紈與其妹小鸞所作，《鴛鴦夢》中透露葉家姊妹對女性婚戀不能自主的擔憂，小鸞的婚前往生使她的事蹟成爲才女成仙的浪漫傳說，也使她脫離對婚姻的恐懼，才女的早夭成爲一種解脫，好人以「被吞噬」爲結局，而得以保存其完整與美好，這與李賀的浪漫傳說頗似，〔註 129〕孫康宜指出：

否定模仿之作。三、既注重知人，又注重論世。四、見解獨到，不人云亦云。請參王婕：〈知人論事具慧眼，清蒼雅正爲旨趣——論清代女詩人汪端以及《明三十家詩選》〉，刊於《蘇州教育學院學報》，第 23 卷第 1 期（2006 年 3 月），頁 28～29。

〔註 128〕孫康宜：《古典與現代的女性闡釋》，〈寡婦詩人的文學「聲音」〉，頁 86。

〔註 129〕宇文所安指出：魯迅棄醫從文，認爲：好文章能夠或者應當改變政治與社會秩序，韓愈的復古運動、白居易的新樂府運動即根基於此假設，他們深信道德與文章的關係。「好」作家是指德性上的好，還是純粹文學意義上的好？白居易的《讀張籍古樂府》中好作家不爲世人賞識而終老孤芳自賞，孟郊說：「本望文字達，今因文字窮。」「好」作品遭致敵意，孟郊的《懊惱》中，一個原本用來表示閱讀思考的「咀嚼」與文人間的「吃人」行徑

> 病自然就與「才女早夭」的悲劇性題材息息相關。……林黛玉的角色不只是才女現實生活的寫照，也是直接影響女詩人的藝術形象。……死亡還被描繪成走向另一個更值得她們嚮往的世界——從明末的葉小鸞到清代的夏伊蘭，她們的死亡都被男性文人解釋爲愛才的仙界對才女的拯救。換言之，她們的死亡都被按照李賀早夭的故事來詩化，她們也都成了「死有死福」的才女兼仙女。〔註 130〕

《列朝詩集》記載了早夭才女的故事，如「黃恭人沈氏」載：沈氏之仲女雙蕙：「髫年憚悅，絕意家室，嘗誦經，聞鳥聲，有詩云：『迦陵可解西來意，又報人間夢不長。』年十六歲而卒。」〔註 131〕錢謙益友人之女尹氏紉榮亦是早夭才女，《列朝詩集》載曰：「紉榮，宜賓人，吾友尹伸子求之女也。子求風流儒雅，冠於巴蜀，兒童婦女，皆以琴書翰墨爲事，紉榮少而能詩，嫁劉解元晉仲，與其妹文玉相訓和。年十九而卒。」〔註 132〕晉仲將其遺稿編纂而爲《斷香集》，靈慧的才女，頗似仙女，而仙女的早夭所形成的傳說被討論著，這類傳說的盛行可以見出女子對才德與婚姻的看法。

（四）婦德與情觀

錢謙益晚年編輯《列朝詩集》，柳如是亦參與編輯女詩人的詩選，據《列朝詩集》「許妹氏」條載：「承夫子之命，讎校香奩諸什，偶有管窺，輒中槧記……。」〔註 133〕足見《列朝詩集》〈香奩〉集之女詩人詩選是由錢謙益命柳如是編選的，把女詩人的詩列入詩選中顯示出錢、柳對女性創作的關注，不過女性創作在《列朝詩集》的位置處於較爲邊緣的閏集，仍屬較邊緣地位。連文萍指出：「將女性詩作（包括王妃）均置於全書最末〈閏集〉的『香奩』類，

聯結：「前賢死已久，猶在咀嚼間。」好人通過文章在道德上感動社會，反遭社會棄逐，是非顛倒的社會現實也反映在他個人的困苦上，道德上的高風亮節所造成的與眾不同，導致不爲社會所見容。中唐人尋求意義的衝動常形成狂人的語言，如：李賀詩中的「吞噬」意象，好人竟以「被吞噬」爲結局，而保留其完整性，李賀則因此對宇宙道德秩序感到懷疑。宇文所安著，陳引馳、陳磊譯：《中國「中世紀」的終結》（北京：三聯書店，2006年1月），頁12～13。

〔註 130〕孫康宜：《古典與現代的女性闡釋》，〈走向「男女雙性」的理想〉，頁 76～77。

〔註 131〕錢謙益：《列朝詩集小傳》，下冊，〈黃恭人沈氏〉，頁 752。

〔註 132〕錢謙益：《列朝詩集小傳》，下冊，〈尹氏紉榮〉，頁 750～751。

〔註 133〕錢謙益：《列朝詩集小傳》，下冊，〈許妹氏〉，頁 814。

與『高僧』、『道士』、『異人』、『法侶』、『侍傭』、『無名氏』、『朝鮮』、『日本』等類相廁。」〔註 134〕《列朝詩集·閨集》中的〈香奩〉集中收有百餘位女詩人的小傳。《列朝詩集》中所錄的詩人有名門淑女，也有青樓名妓，孫康宜〈明清女詩人選集及策略〉一文指出：柳如是「不僅把歌妓與閨秀詩人同歸一類，更偏重於主要歌妓之作品。……如此慷慨及具有代表性地採輯歌妓作品，的確是前所未有」，〔註 135〕潘冬梅則指出：「香奩部分的確不像朱彝尊《明詩綜》分閨門與教坊，劃然兩界，但也未如孫康宜所說全然混同，從小傳來看，香奩上、中部主要收閨門作家，香奩下部則收歌妓，香奩中部有『詩妓齊景雲』一人，則可能是特例。」〔註 136〕正如潘冬梅所言，名妓作品置於香奩下部，位置是邊緣的閨集的再邊緣，不過在評比女詩人的才情上，立足點並不因身份而有所偏頗，《列朝詩集》載：「朱無瑕，字泰玉，桃葉渡邊女子。……萬曆己酉，秦淮有社，會集天下名士，泰玉詩出，人皆自廢，有《繡佛齋集》。」〔註 137〕名妓朱無瑕的詩作能令男性自嘆不如，《列朝詩集》中又記載：「徐媛，字小淑，副使范允臨之室也。……與寒山陸卿子唱和。吳中士大夫望風附影，交口而譽之。流傳海內，稱吳門二大家。」〔註 138〕女子的才名已不限於閨閣之中，徐媛是名門淑媛，其文章流傳海內，廣受好評，徐媛雖頗具盛名，但柳如是云：徐媛「著有《絡緯吟》，桐城方夫人評之曰：『偶爾識字，堆積齷齪，信手成篇，天下原無才人，遂從而稱之。始知吳人好名而無學，不獨男子然也。』夫人之訾謷吾吳，亦太甚矣！雖然，亦吳人有以招之。余向者固心知之，而未敢言也。」徐媛是好名而無實學者，柳如是引方夫人之評價佐證之，雖然方夫人「堆積齷齪，信手成篇」之評語帶有主觀的成見，但錢謙益、柳如是採用其評語評價徐媛，突顯在編選女詩人詩集時錢、柳重視文學性與才華。〔註 139〕除此之外，

〔註 134〕連文萍：〈詩史可有女性的位置？——以兩部明代詩話爲論述中心〉，刊於《漢學研究》，第 17 卷第 1 期（1999 年 6 月），頁 178。

〔註 135〕孫康宜：〈明清女詩人選集及策略〉，刊於《中外文學》，第 23 卷第 2 期（1994 年 7 月），頁 33。

〔註 136〕請參潘冬梅：〈文本·作品·性別——淺議《列朝詩集·閨集》香奩部分的編選與時代〉，刊於《中國文學研究》，第 2 期（2005 年），頁 56。

〔註 137〕錢謙益：《列朝詩集小傳》，下冊，〈朱無瑕〉，頁 766～767。

〔註 138〕錢謙益：《列朝詩集小傳》，下冊，〈范允臨妻徐氏〉，頁 751～752。

〔註 139〕潘冬梅指出：「陸卿子與徐媛當時被稱爲「吳門二大家」，聲勢較大，錢謙益僅選了徐媛兩首，對陸卿子則批評道：「卿子學殖優于凡夫遠甚，少刻《紫臥閣集》，沿襲襞績，未能陶治性情。晚年名重，應酬牽率，凡與閨秀贈答，不

品德亦是十分重要的選評標準《列朝詩集》「女郎周玉簫」條載：

> 玉簫一弱女子，好譚古今節義事，常采古列女懿可法佚可戒者，各爲詩一篇，比於彤管。其於名姬才女，瑕疵嗤點者，往往嚴酷擊排，比於狗彘。詞雖不及，君子旌其志焉。〔註 140〕

周玉簫重視古今節義之事，爲古列女作詩，周玉簫把名妓的瑕疵比於狗彘，玉簫雖然文筆不佳，但因玉簫重視節義而收錄其事蹟，這是《列朝詩集》重視女詩人品德之例，在王微傳記部分亦可見出錢、柳重視名妓之人品。

《列朝詩集》之中的所讚譽的名妓形象常是出淤泥而不染的，王微，字修微，因父死而爲妓，初歸茅元儀，晚歸許譽卿（穎川）。曾是妓女，後從良爲妾，而後王微皈依佛門，曾著布袍持竹杖四處遊歷，甚至參訪明末四大僧之一的憨山大師，自命法號爲草衣道人。王微的才情出眾，雖淪落紅塵但扁舟載書，能與王微往來者皆勝流名士，欲終生修行，不幸遭到俗子嬲弄，遂歸於穎川，穎川在政亂國危之時，抗節罷免，王微亦支持穎川，王微曾欲誓死跟隨穎川，不料早穎川逝世，《列朝詩集》稱王微「修微，青蓮亭亭，自拔淤泥，崑岡白璧，不罹劫火，思爲全歸，幸也。」〔註 141〕《列朝詩集》載：

> 微，字修微，廣陵人。七歲失父，流落北里。長而才情殊眾，扁舟載書，往來吳會間。所與遊，皆勝流名士。已而忽有警悟，皈心禪悅。布袍竹杖，遊歷江楚，大別山，眺黃鶴樓、鸚鵡洲諸勝，謁玄嶽，登天柱峰，溯大江上匡盧，訪白香山草堂，參憨山大師於五乳。歸而造生壙於五林，自號草衣道人，有終焉之志。偶過吳門，爲俗子所嬲，乃歸於華亭穎川君。穎川在諫垣，當政亂國危之時，多所建白，抗節罷免，修微有助焉。亂後，相依兵刃間，間關播遷，誓死相殉。居三載而卒。穎川君哭之慟。君子曰：「修微，青蓮亭亭，自拔淤泥，崑岡白璧，不罹劫火，思爲全歸，幸也。」〔註 142〕

據《列朝詩集》的記載：王微的女兄弟楊宛雖然歸於茅元儀，卻有他適之心，

問妍醜，必以胡天胡帝爲詞，不免刻畫無鹽之誚，世所傳『考槃』、『玄英』，二集是也。直接道出了她詩歌的毛病所在。」請參潘冬梅：〈文本・作品・性別——淺議《列朝詩集・閏集》香奩部分的編選與時代〉，頁 55。

〔註 140〕錢謙益：《列朝詩集小傳》，下冊，〈女郎周玉簫〉，頁 737。

〔註 141〕錢謙益：《列朝詩集小傳》，下冊，〈草衣道人王微〉，頁 760。

〔註 142〕錢謙益：《列朝詩集小傳》，下冊，〈草衣道人王微〉，頁 760。

《列朝詩集》載：「宛多外遇，心叛止生」，〔註 143〕王微屢勸楊宛而楊宛不能從。在錢、柳眼中王微是出淤泥而不染者。孫康宜指出：

> 明末在詩苑力爭上游的歌妓並不以「才」炫人，強調的反而是「德」。……舉例言之，晚明歌妓王微與楊宛皆經柳氏評爲詩「才」出眾，但柳氏最後仍以其「德」蓋棺論定之。……王微有膽識，有婦德，事夫忠心不二。楊宛恰好相反，不但舉止輕佻，而且常鬧紅杏出牆的醜聞。柳如是細察人品，對她們的斷語形同天壤：道人（案指王微）皎潔如青蓮花，亭亭出塵；而宛終墮落淤泥，爲人所姍笑，不亦傷乎？……明亡以後，王微偕夫婿許譽卿矢志討滿，「相依兵刃間，間關播遷，誓死相殉」。柳氏以志士仁人之身說明王微之「德」，不啻在暗示明清之際歌妓形象演變的一大關目。……是以才德一體的最佳範例仍得俟諸明代歌妓出。唐人萬萬不能望其項背。……晚明才妓紛紛以「婦德」自期之際，大家閨秀卻汲汲自許爲「才女」。
>
> 〔註 144〕

名妓在《列朝詩集》中的形象常是貞節的，而楊宛除外，恰爲貞節王微的對照組，王微與楊宛的評比以德爲標準，王微是出淤泥而不染的蓮花，不僅如此，她有俠氣，明亡之際尚能抗滿，而楊宛則爲人所不齒。除了王微之外，《列朝詩集》中的貞節名妓不乏其人，名妓對眞愛是堅貞的，柳如是記載詩妓齊景雲之故事，云：「詩妓齊景雲……與士人傅春定情，不見一客。春坐事繫獄，景雲爲脫簪珥，至賣臥褥以供橐饘。春謫遠戍，景雲欲隨行，不可。春去，蓬首垢面，閉戶閱佛書。未幾病歿。」〔註 145〕妓女可以爲了眞愛捨財捨命，爲愛而抑鬱而亡的名妓，其眞情不容質疑。又如妓女景翩翩是青樓女子「與梅生子庾，以風流意氣相許，有婚姻之約而不果，久之，窮困以死。詩名《散花吟》」，〔註 146〕梅子庾辜負景翩翩使翩翩落得窮困而死。名妓馬守眞爲妓後曾受人欺侮，處境危難窘迫，幸虧當時著名的文人王稚登（字伯穀）援手相救，方才脫險。馬守眞感激之余，有意以身相許，委身王稚登爲妾，雖因多

〔註 143〕錢謙益：《列朝詩集小傳》，下冊，〈楊宛〉，頁 773～774。

〔註 144〕孫康宜：《古典與現代的女性闡釋》（台北：聯合文學出版，1998 年），〈論女子才德觀〉，頁 149～150。

〔註 145〕錢謙益：《列朝詩集小傳》，下冊，〈詩妓齊景雲〉，頁 746。

〔註 146〕錢謙益：《列朝詩集小傳》，下冊，〈景翩翩〉，頁 764。

方原因未能如願，但二人始終感情甚篤，日後馬湘蘭亦幾乎是以性命爲酬，以報王稚登，《列朝詩集》載「萬曆甲辰秋，伯穀七十初度，湘蘭自金陵往，置酒爲壽，燕飲累月，歌舞達旦，爲金閶數十年盛事。歸未幾而病，燃燈禮佛，沐浴更衣，端坐而逝，年五十七矣。……湘蘭歿，伯穀爲作傳，賦挽詩十二絕句。至今詞客過舊院者，皆爲詩吊之。」〔註 147〕《列朝詩集》中亦記載了這個才子與名妓的動人故事。

《列朝詩集》中記載了貞節的名妓，也記載了貞節的女性作家傳記，如：薄少君。《列朝詩集》載：「少君，婁東人，秀才沈承妻也，承字君烈，有雋才有夭。薄爲詩百首以弔之。踰年值君烈忌辰，酹酒一慟而絕。」〔註 148〕薄少君寫了百首弔念亡夫之詩，並在夫亡之後的隔年忌日酹酒一慟而絕，名妓與薄少君的堅貞是一種浪漫愛，忠誠、具有浪漫色彩的愛情故事在《列朝詩集》中有著一席之地。

（五）針砭男性喪志病之藥——女性出了閫域

明末「夥伴式婚姻」的興起應與晚明士人重視夫婦關係有關，「夥伴式的婚姻」意指：在情感與親密關係中皆能得到滿足，高彥頤指出：「情迷、出版繁榮、女性教育和『才——德——美』理想，都推動了明末清初江南伴侶式婚姻的流行。儘管此後許多現實生活中的夫妻並沒有生活得很幸福，但在明清小說、戲劇的紙頁上，卻充斥著對相愛婚姻的浪漫、理想描繪。」〔註 149〕晚明名妓與名士的婚姻也許較早具備了「夥伴式婚姻」的雛形，如錢謙益與柳如是、龔芝麓（1611～1673）與顧媚、茅元儀與楊宛、冒辟疆（1611～1693）與董小宛……等等，都是所謂「才子佳人」的結合。另，明清之際對於「婦人不出閫域」有較多的反省，〔註 150〕孫康宜說：王

〔註 147〕錢謙益：《列朝詩集小傳》，下冊，〈馬湘蘭〉，頁 765～766。

〔註 148〕錢謙益：《列朝詩集小傳》，下冊，〈薄少君〉，頁 734。

〔註 149〕高彥頤著，李志生譯：《閨塾師——明末清初江南的才女文化》，第五章，〈家族人倫與「家居式」結社〉，頁 195。

〔註 150〕李卓吾在〈答以女人學道爲見短書〉曾說：「夫婦人不出閫域，而男子則桑弧蓬矢以射四方，見有長短，不待言也。余竊謂欲論見之長短者當如此，不可止以婦人之見爲見短也。故謂人有男女則可，謂見有男女豈可乎？謂見有長短則可，謂男子之見盡長，女人之見盡短，又豈可乎？」李贄：《李贄文集》，第一卷，《焚書》，卷二，〈答以女人學道爲見短書〉，頁 57。李卓吾認爲，社會上給予男女的立足點是不平等的，男子見解會較高完全是因爲「婦人不出閫域」，而男子卻能「桑弧蓬矢以射四方」。

端淑即「認爲過往詩媛所以文名不彰，全因自囿於『內言不出閫外』的迂見使然。」〔註 151〕

名妓較早具備出閫域的條件，男裝之姿的名妓顯示的是一種對男性社會地位的認同，明清之際女扮男裝成爲一種時尚，婦女著男裝可視爲是對某種社會符號接受的表現，事實上性別、語言、衣服……都是符號，人們接受符號後，也扮演著被符號化，〔註 152〕因此女性的女扮男裝是一種女性接受男性符號的表現，《名媛詩話》說柳如是：「性機警而志豪宕，有俠烈風」，〔註 153〕柳如是經常女扮男裝，她曾以儒士之姿至半野堂拜訪錢謙益，柳如是於「崇禎庚辰（十三年）冬扁舟訪宗伯。幅巾躬鞋，著男子服。口便給，神情灑落，有林下風。」〔註 154〕而「宗伯大喜，謂天下風流佳麗，獨王修微、楊宛叔與君鼎足而三。」牧齋倦於見客之時，如是即代主人出與酬應，「竟日盤桓，牧齋殊不芥蒂」，「嘗戲稱爲柳儒士（正與『如是』諧音）」〔註 155〕。柳如是勇於追求愛情、女扮男裝、自稱「弟」等的「擬男」表現，是女性走出閫域的方式之一，晚明許多名妓亦常有擬男的服飾裝扮或氣質中帶有俠風、林下之風者，王鴻泰指出：

> 以紅顏而爲文士，這類「文人化」妓女形成的重要意義是，除了「閨閫之內」的傳統女性角色外，有一種女「士」的新角色，她們有文藝知識和才能，主要的往來對象是文人，居住空間的佈置也以士大夫的書房爲範本，這種女「士」角色的形成，才提供了士大夫與「紅粉知己」經營情感世界、情藝生活的可能。〔註 156〕

《列朝詩集》載朱無暇：「舉止談笑，風流蘊籍。長而淹通文史，工詩善書。萬曆己酉，秦淮有社，會集天下名士，泰玉詩出，人皆自廢。」〔註 157〕馬湘

〔註 151〕孫康宜：《古典與現代的女性闡釋》，〈論女子才德觀〉，頁 153。

〔註 152〕〔美國〕瑪麗．雅各布斯：〈閱讀婦女（閱讀）〉即探討此議題，請參張京媛主編《當代女性主義文學批評》（北京：北京大學出版社，1992 年），〈閱讀婦女（閱讀）〉。

〔註 153〕（清）沈善寶：《名媛詩話》，收入《續修四庫全書》（據中山大學圖書館藏清光緒鴻雪樓刻本影印），集部，詩文評類，頁 694。

〔註 154〕顧苓：〈河東君傳〉，見陳寅恪《柳如是別傳》，頁 343。

〔註 155〕陳寅恪：《柳如是別傳》，頁 375。

〔註 156〕王鴻泰：〈青樓名妓與情藝生活——明清間的妓女與文人〉，收入熊秉眞、呂妙芬主編：《禮教與情慾：前近代中國文化中的後／現代性》（台北：中央研究院近代史研究所，1999 年），頁 99～100。

〔註 157〕錢謙益：《列朝詩集小傳》，下冊，〈朱無瑕〉，頁 767。

蘭「性喜輕俠」、「性喜輕俠，時時揮金以贈少年」、〔註 158〕如：薛素素「以女俠自命」，〔註 159〕周文「舉止言論，儼如士人。」〔註 160〕馬如玉：「修潔蕭疎，無兒女子態。凡行樂伎倆，無不精工。熟精文選唐音，善小楷八分書及繪事，傾動一時士大夫。」〔註 161〕郝文珠：「貌不飈而多才藝。……（李）寧遠鎭遼東，聞其名，召掌書記，凡奏牘悉以屬焉。馮祭酒開之有詶郝姬文珠詩云：『虛作秣陵游，無因近莫愁。』其爲名流契慕如此。」〔註 162〕《列朝詩集》中介紹王微道：「微，字修微，廣陵人。七歲失父，流落北里。長而才情殊眾，扁舟載書，往來吳會間。所與游，皆勝流名士。」〔註 163〕崔嫣然則「好與名人詞客游。程孟陽亟稱之，以爲北里之女士也。」〔註 164〕文人化的名妓，能和男性談論文藝也是男性的知音，文人化的名妓走出了閫域，名妓較閨秀早與士人之間的有著情藝生活。至清代時，閨秀則亦能扮演閨秀知音的角色，《列朝詩集》中亦記載了「文人化」的閨秀，如：董少玉「抗直談經濟，以賈生、陸贄自命」、〔註 165〕葉小鸞「林下之風，閨房之秀，殆兼有之」〔註 166〕閨塾師則是眞正的出了閫域，閨秀作家在名妓之後，亦逐漸擴大視野，有林下之風的葉小鸞頗似謝道韞，重視對閨秀的詩才教育也是新風氣，女性作家以俠女自稱，或者言行舉止模仿士人等，皆是模擬男性氣質的表現，女性因此走出了閫域。

〔註 158〕錢謙益：《列朝詩集小傳》，下冊，〈馬湘蘭〉，765。

〔註 159〕薛素素又名薛五，《列朝詩集小傳》載其：「少遊燕中，與五陵年少挾彈出郊，連騎遨遊，觀者如堵。」請參錢謙益：《列朝詩集小傳》，下冊，〈薛素素〉，頁 770。

〔註 160〕錢謙益：《列朝詩集小傳》，下冊，〈周文〉，頁 770。

〔註 161〕錢謙益：《列朝詩集小傳》，下冊，〈馬如玉〉，頁 768。

〔註 162〕錢謙益：《列朝詩集小傳》，下冊，〈郝文珠〉，頁 769。

〔註 163〕錢謙益：《列朝詩集小傳》，下冊，〈草衣道人王微〉，頁 760。

〔註 164〕錢謙益：《列朝詩集小傳》，下冊，〈崔嫣然〉，頁 768。

〔註 165〕錢謙益：《列朝詩集小傳》，下冊，〈西陵董氏少玉〉，頁 744。

〔註 166〕錢謙益：《列朝詩集小傳》，下冊，〈葉小鸞〉，頁 755。

第四章　錢謙益的藥病隱喻——「醫國手」形象的建立

一、東林學派的藥喻

顧憲成（字叔時，號涇陽，1550～1612）於萬曆二十二年（1594）因觸怒神宗，被削去官籍，革職回鄉，回鄉後，顧憲成與弟弟顧允成、高攀龍等人於家鄉講學，並於甲辰年（1604）創辦東林書院，據《明儒學案》載：「甲辰，東林書院成，大會四方之士，……故會中亦多裁量人物，訾議國政，亦冀執政者而藥之也。天下君子以清議歸於東林，廟堂亦有畏忌。」〔註1〕顧憲成於東林書院所題之對聯——「風聲、雨聲、讀書聲，聲聲入耳，家事、國事、天下事，事事關心。」即充分反應出顧憲成成立東林書院的用意，讀書、救國並冀望「執政者而藥之也」，此其經世之志也。顧憲成講學力駁陽明學派「無善無惡心之體」之說，「見以爲心之本體，原是無善無惡也，合下便成一個空。見以爲無善無惡，只是心之不著於有也，究竟且成一個混。」〔註2〕立足點視心之本體爲「無善無惡」便容易落入「空」見，這是一種偏執容易導致「等善於惡」，若將「無善無惡」解釋爲不執著，則容易「混惡於善」，顧憲成弟弟顧允成也說：「無善無惡本病，只是一個空

〔註1〕黃宗羲：〈端文顧涇陽先生憲成〉，收入黃宗羲著，沈善洪主編：《黃宗羲全集》（浙江：浙江古籍出版社，1985年），冊8，明儒學案，卷58，頁731。

〔註2〕顧憲成：〈小心齋劄記〉，收入黃宗羲著，沈善洪主編：《黃宗羲全集》，冊8，明儒學案，東林學案一，卷58，頁746。

字，末病只是一個混字。」〔註 3〕東林學派對王學末流多所批評，如史孟麟對李卓吾多所不滿及諷刺，云：

> 李卓吾講心學于白門，全以當下自然指點後學，說箇個人都是見見成成的聖人，纔學便多了。聞有忠節孝義之人，却云都是做出來的，本體原無此忠節孝義。學人喜其便利，趨之若狂，不知誤了多少人？〔註 4〕

史孟麟並以孔子所說的「居處恭，執事敬，與人忠。」對比禪宗所言之「當下」，史孟麟指出「居處恭」則能解除放逸之病痛，「一恭了，則胸中惺然不昧，一身之四肢百骸血脈都流貫了，吾心自然安安頓頓，全沒有放逸的病痛。」〔註 5〕「執事敬」則能救雜亂之病，云：「一敬了，則胸中主一無適，萬事之始終條理神理都貫徹了，吾心自然停停當當，全沒有雜亂的病痛。」〔註 6〕「一忠了，則胸中萬物一體，人己的肝膽肺腸精神都淪洽了，吾心自然無阻無礙，全沒有詐僞的病痛。」〔註 7〕東林學派對王學末流的批評主因在於王學末流以「無善無惡心之體」而廢棄漸修功夫，與「狂禪」這種修行偏差的風格互相交涉，影響了儒學及社會風氣，毛文芳〈晚明「狂禪」探論〉指出：「『狂禪』，原是一種偏差的修行風格，在明代後期的出現，不僅是一個禪學範疇的名詞，更是思想界、文化界特殊風氣的指涉。」〔註 8〕陽明學派後學——泰州學派王心齋、何心隱等將孔子及陽明都曾稱道的狂者胸次發揮至淋漓盡致。〔註 9〕李

〔註 3〕顧允成：〈小辨齋劄記〉，收入黃宗羲著，沈善洪主編：《黃宗羲全集》，冊 8，明儒學案，東林學案三，卷 60，頁 840。

〔註 4〕史孟麟：〈論學〉，收入黃宗羲著，沈善洪主編：《黃宗羲全集》，冊 8，明儒學案，東林學案三，卷 60，頁 845。

〔註 5〕史孟麟：〈論學〉，收入黃宗羲著，沈善洪主編：《黃宗羲全集》，冊 8，明儒學案，東林學案三，卷 60，頁 844。

〔註 6〕史孟麟：〈論學〉，收入黃宗羲著，沈善洪主編：《黃宗羲全集》，冊 8，明儒學案，東林學案三，卷 60，頁 844。

〔註 7〕史孟麟：〈論學〉，收入黃宗羲著，沈善洪主編：《黃宗羲全集》，冊 8，明儒學案，東林學案三，卷 60，頁 844。

〔註 8〕毛文芳：〈晚明「狂禪」探論〉，刊於《漢學研究》，第 19 卷第 2 期，頁 171。

〔註 9〕孔子亦曾說：「不得中行而與之，必也狂狷乎！狂者進取，狷者有所不爲也。」唐滿先等編著：《十三經直解》，第四卷，《論語直解》，〈子路第十三〉，頁 99。《傳習錄》載：先生曰：「我今信得這良知眞是眞非。信手行去，更不著些覆藏。我今纔做得箇『狂者』的胸次，使天下人都說我『行不揜言』也罷」。尚謙出，曰：「信得此過，方是聖人的眞血脈。」陳榮捷著：《王陽明傳習錄詳註集評》，頁 355。

卓吾敬佩何心隱，稱他爲英雄。〔註 10〕李卓吾曾深表對泰州學派等人的推崇，李卓吾〈爲黃安二上人三首・大孝一首〉說：

> 當時陽明先生門徒遍天下，獨有心齋爲最英靈。……心齋之後爲徐波石，爲顏山農。……波石之後爲趙大洲，大洲之後爲鄧豁渠；山農之後爲羅近谿，爲何心隱，心隱之後爲錢懷蘇，爲程後臺：一代高似一代。所謂大海不宿死屍，龍門不點破額，豈不信乎！〔註 11〕

何心隱（1517～1579），原名梁汝元，隨王艮弟子顏山農學習，因參與彈劾嚴嵩，故改名換姓隱居，萬曆期間張居正反講學，何心隱因講學而遭通緝，萬曆七年（1579）被捕，死於湖北武昌獄中，李卓吾爲何心隱感到冤枉，〔註 12〕泰州學派爲人詬病之處在於狂，然李卓吾認爲，尋常的道德是不能規範狂者的，他說：「狂者不蹈故襲，不踐往跡，見識高矣，所謂如鳳凰翔於千仞之上，誰能當之」，甚至害怕自己不狂，他說：「未有非狂狷而能聞道者也。」〔註 13〕

筆者以爲東林學派雖反對陽明學派的「無善無惡」之說，但對於陽明學派所稱道的狂者胸次，東林學派並未全盤否定。顧允成與顧憲成曾就狂狷、中行有過深刻的討論，據《明儒學案》載：

> 先生（顧允成）曰：「妄意欲作天下第一等人，性頗近狂。然自反尚是硜硜窠臼，性又近狷，竊恐兩頭不著。」涇陽曰：「如此不爲中行，不可得矣。」先生（顧允成）曰：「檢點病痛，只是一個粗字，所以去中行彌遠。」涇陽曰：「此是好消息，粗是眞色，狂狷原是粗中行，中行只是細狂狷。練粗入細，細亦眞矣。」先生（顧允成）曰：「粗之爲害，亦正不小，猶幸自覺得，今但密密磨洗，更無他說。」涇陽曰：「尚有說在，性近狷，還是習性，情近狂，還是習情。若論眞性情，兩者何有？於此參取明白，方認得自家。

〔註 10〕卓吾說：「何心老英雄莫比。」請參李贄：《李贄文集》（北京：社會科學文獻出版社，2000 年），第一卷，《續焚書》，卷一，〈與焦漪園太史〉，頁 27。

〔註 11〕請參李贄：《李贄文集》，第一卷，《焚書》，頁 74～75。

〔註 12〕李卓吾批判耿定向能幫助心隱卻袖手旁觀的態度爲：「吾又因是而益信談道者之假也。」又說：「今觀其時武昌上下，人幾數萬，無一人識公者，無不知公之爲冤也。方其揭榜通衢，列公罪狀，聚而觀者鹹指其誣，至有嘘呼叱詫不欲觀焉者，則當日之人心可知矣。」請參李贄：《李贄文集》，第一卷，《焚書》，〈何心隱論〉，頁 83。

〔註 13〕李贄：《李贄文集》，第一卷，《焚書》，〈與耿司寇告別〉，頁 25～26。

既認得自家，一切病痛，都是村魔野祟，不敢現形於白日之下矣。」〔註 14〕

顧允成所說的「妄意欲作天下第一等人」，並自省其病痛在於一個「粗」字，自云：「粗之爲害，亦正不小，猶幸自覺得，今但密密磨洗，更無他說。」顧憲成勉其「認得自家」，並將狂、狷等習性喻爲村魔野祟，云：「既認得自家，一切病痛都是村魔野祟，不敢現形於白日之下矣。」綜觀東林學派之學說，狂狷是修行的起點，誠如顧允成所說：「學問須從狂狷起腳，然後能從中行歇腳，近日之好爲中行，而每每墮入鄉愿窠臼者，只因起腳時，便要做歇腳事也。」〔註 15〕東林八君子之一的錢一本於〈黽記〉說道：「聖門教人求仁，無甚高遠，只是要人不壞卻心術。狂狷是不壞心術者，鄉愿是全壞心術者。」〔註 16〕錢謙益曾拜顧憲成爲師，其〈顧端文公文集序〉云：「公初以吏部郎里居，余幼從先夫子省謁，凝塵蔽席，藥囊書籤，錯互幾案，秀羸善病人也。」〔註 17〕錢謙益師承顧憲成又曾爲東林黨黨魁，顧憲成東林學派對陽明後學多所針砭，但錢謙益對泰州學派並非抱持著全然否定的態度，錢謙益認爲：王陽明是「救病之急劑」，錢謙益對其「號呼惕厲」有著寄望。泰州學派「狂子、僇民」的產生，亦爲不得已之必要，顏山農、何心隱、李卓吾等人爲狂，但狂者猶有可取之處。從必要的狂到足以禍國殃民甚至與狂禪交涉之處頗值得探討。另東林學派亦常以藥病爲喻展露其醫國之志，而泰州學派、禪宗常爲東林學派眼中的疾病叢生之社會亂源之處，其中的藥病之喻涉及權力的建構與解構，又或者東林學派與泰州學派的精神是否全然相悖或可能有其暗合之處亦爲筆者欲討論的問題。錢謙益崇禎十六年（1643 年）撰寫〈重修維揚書院記〉道：

楊君，今之有志于醫國者也。當軍興倥偬，征求旁午之會，捨鹽鐵之筴，而修師儒講肄之事，其必以爲救世之務，莫先于此與！誠先

〔註 14〕黃宗羲：〈東林學案三〉，收入黃宗羲著，沈善洪主編：《黃宗羲全集》，冊 8，明儒學案，卷 60，頁 838～839。

〔註 15〕黃宗羲：〈東林學案三〉，收入黃宗羲著，沈善洪主編：《黃宗羲全集》，冊 8，明儒學案，卷 60，頁 838。

〔註 16〕錢一本：〈黽記〉，收入黃宗羲著，沈善洪主編：《黃宗羲全集》，冊 8，明儒學案，東林學案二，卷 59，頁 799。

〔註 17〕錢謙益：〈顧端文公文集序〉，收入錢謙益著，錢曾箋注，錢仲聯標校：《錢牧齋全集》，冊 2，牧齋初學集，卷 30，頁 901～902。

> 之，則請自姚江之學始。鄒忠介公者，余之執友，而楊君之鄉先生也。天啓之學禁，以忠介爲首。忠介之記，蓋亟稱姚江、泰州，而楊君之所得于忠介者深矣。故樂爲記之，使刻石陷諸壁間，亦以告于維揚之士繼泰州而興起者也。崇禎十六年十二月初四日，常熟錢謙益記。〔註18〕

這篇記中提到「鄒忠介公者，余之執友，而楊君之鄉先生也。」錢謙益勉勵楊君繼承鄒元標之學，鄒元標（1551～1624），謚忠介，明代東林黨首領之一，因曾上疏反對張居正父喪不丁憂，「即抗疏論江陵奪情，拜杖闕下，投荒九死」，〔註19〕而遭廷杖並發配貴州，自此潛心鑽研理學。萬曆十一年（1582）重回朝廷又因多次上疏改革吏治，觸犯了皇帝，再遭貶謫，後以疾歸，從萬曆十八年至四十八年（1590～1620），鄒元標居家講學三十年，之後天啓元年（1621）重返朝廷任官，因魏忠賢亂政求去，卒於天啓四年（1624）。錢謙益寫於崇禎辛巳年（1641）十二月的〈刻鄒忠介公奏議序〉云：「忠臣直士，名節道義，天地間之元氣也。讒夫小人視之爲骨讎血怨，必欲斬艾之，澌滅之，俾無遺種而後已。嗚呼！天地間之元氣，終不可以滅亡；而讒夫小人磨牙鑿齒者，相仍而未艾。」〔註20〕錢謙益亦提及「告於維揚之士繼泰州而興起者也」，錢謙益對泰州學派亦有所期盼，〈重修維揚書院記〉說：

> 稽良知之弊者，曰泰州，之後流而爲狂子，爲僇民，所謂狂子僇民者，顏山農、何心隱、李卓吾之流也。彼其人皆脫屣身世，芥視權倖，其肯蠅營狗苟、欺君而賣國乎？其肯偷生事賊、迎降而勸進乎？講良知之學者，沿而下之，則爲狂子，爲僇民；激而返之，則爲忠臣，爲義士。視世之公卿大夫，交臂相仍，違心而反面者，其不可同年而語，亦已明矣。嗚呼！聖人之言，元氣也；孟子之言，藥石也；姚江之言，救病之急劑也。南宋之世，以正心誠意藥之而不效，故有風痺不知痛癢之證；今之世，以惻隱羞惡辭讓是非藥之而不效，故有頑鈍狂易之證。舍是而不加診治，則人心死矣。病在膏肓，不

〔註18〕錢謙益：〈重修維揚書院記〉，收入錢謙益著，錢曾箋注，錢仲聯標校：《錢牧齋全集》，冊2，牧齋初學集，卷44，頁1130。

〔註19〕錢謙益：〈刻鄒忠介公奏議序〉，收入錢謙益著，錢曾箋注，錢仲聯標校：《錢牧齋全集》，冊2，牧齋初學集，卷30，頁896。

〔註20〕錢謙益：〈刻鄒忠介公奏議序〉，收入錢謙益著，錢曾箋注，錢仲聯標校：《錢牧齋全集》，冊2，牧齋初學集，卷30，頁897。

> 可以復活矣。用良知之學爲急劑，號呼惕厲，庶幾其有瘳乎？〔註21〕

此文寫於明亡前一年，崇禎十六年的十二月（1643 年），錢謙益肯定講學的重要，認爲講學能醫國，對泰州學派的「狂子、僇民」顏山農、何心隱、李卓吾等人，錢謙益是肯定的。錢謙益說：狂子、僇民「其肯偷生事賊、迎降而勸進乎？」而這篇文章完成不到兩年的時間內，錢謙益降清了。泰州學派顏山農、何心隱、李卓吾等人雖狂，但狂者猶有可取之處，但是藥若失效也會引發疾病，「正心誠意」的藥方失效，所以產生「風痺不知痛癢」的症狀；「惻隱羞惡辭讓是非」的藥方失效了，所以產生「頑鈍狂易」的病症，從「風痺不知痛癢」到「頑鈍狂易」最終無藥可治而死亡。錢謙益寄望於「號呼惕厲」的「狂子、僇民」，這似乎是肯定瘋狂之必要，作此文的前一年，崇禎十五年（1642 年），錢謙益六十一歲，作〈效歐陽詹玩月詩〉亦云：「病婦夢回笑空床，笑我白癡中風狂。」陳寅恪指出：「河東君雖在病中猶不忘天下安危」，〔註22〕瘋狂有時有其可取之處。

明亡前一年，錢謙益仍心心念念期許友人、自己，以古爲鑑，戮力醫國，錢謙益友人鄭瑄著讀書筆記《昨非庵日纂》，欲「使余而知昨之非也」，時時惕厲自己，此書皆記古人格言懿行，錢謙益爲之作序云：

> 相天下者猶醫師也，上醫醫國，以康濟一世爲能事，而自顧一身，陰淫蠱惑，狂易喪志，我躬之不閱，而何以理天下？六經、《語》、《孟》之書，猶醫經之《靈樞》、《本草》也；史傳之所紀載是非失得淑慝善敗，猶秦越人之《難經》、叔和之《脈經》、忠州之《集驗方》也。有一病，必有一方。人之新病日增，而古方固已犂然具備，在善取之而已矣。……蓋所謂上醫醫國者。是書則公之《難經》、《脈經》與其《驗方》也。公之爲人，可以相天下，而爲是書，則可以教天下之爲相者。夫爲書而可以教天下之爲相者，斯其爲醫國也遠矣，公豈非百世之師也哉！崇禎癸未中秋吉日序。〔註23〕

〔註21〕錢謙益：〈重修維揚書院記〉，收入錢謙益著，錢曾箋注，錢仲聯標校：《錢牧齋全集》，冊 2，牧齋初學集，卷 44，頁 1129～1130。

〔註22〕陳寅恪指出：「〈寄劉大將軍〉詩前一題爲〈效歐陽詹玩月〉詩。觀詩後所附跋語，知爲崇禎十五年壬午八月十五至十七日間之作。後一題爲〈駕鵝行〉，乃聞此年九月下旬潛山戰勝所賦。故牧齋作劉氏詩序尚在寄劉氏詩之前。時間距離頗短，頻爲詩文，諛辭虛語，盈箋疊紙，何其不憚煩如此？詩末結語，牧齋欲以知兵起用之旨溢於言表，其籠絡武人之苦心尤可窺見矣。」

〔註23〕錢謙益：〈昨非菴日纂三集序〉，收入錢謙益著，錢曾箋注，錢仲聯標校：《錢牧齋全集》，冊 2，牧齋初學集，卷 40，頁 1073～1074。

這篇序文與〈重修維揚書院記〉皆作於崇禎十六年（1643），明亡前幾年錢謙益屢以藥、病為喻，闡述國家病徵，自期能醫國，最終仍無法力挽狂瀾，明朝仍舊走向亡國之途。

二、文學可以救世

明末李卓吾、湯顯祖、袁宏道等人的醫病隱喻為理障、法執者開出了藥方。明清之際錢謙益則試圖以醫國手之姿為清初文壇與佛教確立正統。錢謙益在詩作、文學理論、雜著中常以醫病為隱喻闡釋學問，其範圍包含：理學、政治、經典、文學、佛學、史學等領域。錢謙曾言：「嗚呼！危症惡疾，國家之所時有。古方具在，醫國之手非乏也。人主之不按而求之者，何也？」〔註24〕錢謙益認為歷史本身就是一部病歷、病史，同時也是藥方子，他說：「以興亡治亂為藥病，史其為方。」〔註25〕

錢謙益把經典看作醫經，他說：「六經、《語》、《孟》之書，猶醫經之《靈樞》、《本草》也。」〔註26〕錢謙益認為文學可以救世，其文學觀亦經常出現藥病論述，如〈范勛卿文集序〉說：「旋觀先生之文，原本經術，貫穿古今，鑿鑿乎如五穀之療饑，藥石之治病。」〔註27〕唐代孔穎達早已於其《詩經正義》中用治療的觀念解釋《詩經》的作用，他說：

> 作詩止於禮義，則應言皆合禮。而變風所陳，多說姦淫之狀者，男淫女奔，傷化敗俗，詩人所陳者，皆亂狀淫形，時政之疾病也，所言者，皆忠規切諫，救世之針藥也。《尚書》之三風十愆，疾病也。詩人之四始六義，救藥也。若夫疾病尚輕，有可生之道，則醫之治也用心銳，扁鵲之療太子，知其必可生也。疾病已重，有將死之勢，則醫之治也用心緩，秦和之視平公，知其不可為也。詩人救世，亦猶是矣。典刑未亡，覬可追改，則箴規之意切，《雞鳴》、《沔水》，

〔註24〕錢謙益：〈嚮言下〉，收入錢謙益著，錢曾箋注，錢仲聯標校：《錢牧齋全集》（上海：上海古籍出版社，1985年），冊2，牧齋初學集，卷24，頁781。

〔註25〕錢謙益：〈汲古閣毛詩新刻十七史序〉，收入錢謙益著，錢曾箋注，錢仲聯標校：《錢牧齋全集》，冊5，牧齋有學集，卷14，頁681。

〔註26〕錢謙益：〈昨非菴日纂三集序〉，收入錢謙益著，錢曾箋注，錢仲聯標校：《錢牧齋全集》，冊2，牧齋初學集，卷40，頁1073。

〔註27〕錢謙益：〈范勛卿文集序〉，收入錢謙益著，錢曾箋注，錢仲聯標校：《錢牧齋全集》，冊5，牧齋有學集，卷16，頁747。

殷勤而責王也。淫風大行，莫之能救，則匡諫之志微，《溱洧》、《桑中》，所以咨嗟嘆息而閔世。陳、鄭之俗，亡形已成，詩人度已箴規必不變改，且復賦己之志，哀嘆而已，不敢望其存，是謂匡諫之志微。〔註28〕

文學的諷刺就像一種治療，對讀者能產生療癒的效果，作詩應合乎禮義，但變風中的姦淫之狀與男淫女奔，傷風敗俗，卻能忠實呈現時政之疾病，變風所言有忠規切諫之效，是救世之針藥，「詩人之四始六義，救藥也。」「淫詩」亦有「美刺」的療效。錢謙益亦有相同的看法，其〈施愚山詩集序〉說：

《記》曰：「溫柔敦厚，詩之教也。」說《詩》者謂〈雞鳴〉、〈沔水〉殷勤而規切者，如扁鵲之療太子；……病有淺深，治有緩急，詩人之志在救世，歸本於溫柔敦厚，一也。〔註29〕

《詩經》〈雞鳴〉篇是一則夫婦對話，丈夫留戀床第，妻怕他誤了早朝，催他起身；〈沔水〉則爲詩人憂亂畏讒，勸戒朋友之詩，錢謙益將二者喻爲扁鵲藥方。錢謙益說：「先儒有言：詩人所陳者，皆亂狀淫形，時政之疾病也；所言者，皆忠規切諫，救世之針藥也。」〔註30〕詩歌需反應現實，指陳時政之疾病，錢謙益認爲元氣與國運息息相關，其〈申比部詩序〉說：

昔者歐陽永叔譜洛陽之花，以謂花之極其美，與夫瘿木臃腫之極其惡，醜好雖異，而得分氣之偏，爲元氣之病則均。予甚以爲不然。造化吉祥之氣，與國家休明之運，旁薄結轄，而鍾美于人物，必有奇絕殊尤者出於其間，草木之華，亦中氣之分也，而可以爲病乎？……嗟夫！國家二百餘年，世習平康正直之俗，人被溫柔敦厚之教。比部之詩，多出于黍離之後，雍頌爾雅，噍殺不作，梧桐之萋苯，鳳凰之雝喈，宛然猶在尺幅之中。國家忠厚，仁及草木，吾夫子之所以歎豐芑也。論次比部之詩，而推本于文定，可以興，可以觀矣。〔註31〕

〔註28〕孔穎達：〈毛詩正義〉，收入李學勤主編：《十三經注疏》，毛詩正義，上冊，頁16。

〔註29〕錢謙益：〈施愚山詩集序〉，收入錢謙益著，錢曾箋注，錢仲聯標校：《錢牧齋全集》，冊5，牧齋有學集，卷17，頁760～761。

〔註30〕錢謙益：〈王侍御遺詩贊〉，收入錢謙益著，錢曾箋注，錢仲聯標校：《錢牧齋全集》，冊6，牧齋有學集，卷42，頁1430。

〔註31〕錢謙益：〈申比部詩序〉，收入錢謙益著，錢曾箋注，錢仲聯標校：《錢牧齋全集》，冊5，牧齋有學集，卷17，頁771。

歐陽脩《洛陽牡丹記》中認爲歐陽脩認爲天地平和之氣，應當是遍佈四方上下的，不應是局限在某一地區之中而私愛於誰，而錢謙益則認爲元氣是與生俱有的，忠臣孝子如的元氣會帶動國家運勢。錢謙益認爲忠臣爲救國之針藥，他記載王侍御之殉國始末，云：

> 新城王侍御……甲申三月，涕泣不食，再拜與父訣。篝燈拒户，與其妻于孺人、子士和皆自縊死。……嗚呼！侍御忠孝偪塞，誓報國恩，不肯借踰河蹈海之名，少自解免，此鄙夫亂世忘君背國者之針藥也。攢眉搤臂，憂天憫人，肝鬲輪囷，聲淚咽塞，其爲詩則夸人纖兒浮漂嘈囋者之針藥也。〔註 32〕

錢謙益《有學集》中記載了明亡之際，王侍御率妻、子絕食最終自縊殉國的事蹟，並認爲其人其詩皆可爲針藥也，對救國有實際的功效。錢謙益寫於明亡甲申三月的〈萊陽姜氏一門忠孝記〉亦指出：

> 嗚呼！忠臣孝子，國家之元氣也。忠義之氣昌則存，叛逆之氣昌則亡，有國家者之大坊也。……若姜公者，身無一命之寄，家無中人之產，徒手扞賊，横身死義，家人婦子，血肉糜爛。國家元氣，旁薄結轖，而勃發于姜氏之一門，非偶然也。〔註 33〕

清兵南下時，姜垓父親姜瀉裏死守萊陽城。萊陽城失守後，清兵向姜瀉裏索財不得，加以捶打後致死，其四弟姜坡亦被清兵亂刀砍死，姜垓母親、大哥姜圻也都身負重傷，姜垓大嫂王氏、妻子孫氏、四弟媳左氏及其二姊，先後上吊、投火而死。錢謙益〈萊陽姜氏一門忠孝記〉記載了姜家的忠烈事蹟，並以感慨道出，忠義之氣盛，則國家之元氣日益堅固，惟忠義之士是國家元氣，也是醫國之藥方。藥病論述來自一個危機的時代，錢謙益於〈卓去病全集序〉說：

> 嗚呼！國家緩急需士，猶疾病之需藥也。去病之所諳曉者醫經經方，其所儲待，扶元起死之藥也。而世之所嗜者，膏粱芻豢也。膏粱芻豢，可以養生而不可以療病。今唯膏粱芻豢之是甘，而上醫之藥方，屏棄而不一試。病已殆矣，乃號咷博求，冀幸一中。於是乎舊醫之

〔註 32〕錢謙益：〈王侍御遺詩贊〉，收入錢謙益著，錢曾箋注，錢仲聯標校：《錢牧齋全集》，冊 6，牧齋有學集，卷 42，頁 1430～1431。

〔註 33〕錢謙益：〈萊陽姜氏一門忠孝記〉，收入錢謙益著，錢曾箋注，錢仲聯標校：《錢牧齋全集》，冊 2，牧齋初學集，卷 44，頁 1134。

> 乳藥，下醫之毒劑，漫嘗雜進，而病馴至于不可爲。……去病之歿，在崇禎甲申之十一月。後九年，歲在癸巳，其子人皐，始彙其全集，鏤板行世，而虞山友人錢某爲其序。〔註 34〕

卓去病爲錢謙益友人，卓去病之歿，在崇禎甲申（1644）之十一月正是明亡之際，癸巳年（1653），錢謙益爲其全集作序。錢謙益爲友人繆仲淳《本草單方》作序亦提出「上醫醫國」的概念，云：

> 仲淳以醫名世，幾四十年。……酒間每慷慨謂余曰：「傳稱上醫醫國，三代而下，葛亮之醫蜀，王猛之醫秦，繇此其選也。以宋事言之，熙寧之法，泥成方以生病者也；元祐之政，執古方以治病者也；紹述之小人，不診視病狀如何，而強投以烏頭狼毒之劑，則見其立斃而已矣。子有醫國之責者，今將謂何？」余沉吟不能對。仲淳酒後耳熱，仰天叫呼，痛飲霑醉乃罷。嗚呼！仲淳既老病以死，而余亦連蹇放棄，效忠州之錄方書，以終殘年。……崇禎六年十二月敘〔註 35〕

繆仲淳（1545～1627），人稱「虞山儒醫」，與錢謙益同爲東林黨人，拜過名僧紫柏爲師，繆仲淳少年時體弱多病，經常到處遊歷並求醫訪藥，終爲名醫，曾與錢謙益議論朝政，繆仲淳以醫藥比喻治國之方，他認爲使用現成的藥方，不知變通，會導致不良後果，用古代的方子對治疾病，可是病情變了，卻不知隨機應變，又或者投以有毒的藥物，會導致病人斃命，此文作於崇禎六年（1633）十二月，距離明亡尚有十一年。繆仲淳曾以五十年的時間編纂醫書，仲淳歿後三十餘年，陸仲德寫作研究繆仲淳之書並作《本草拔萃》，以發明其學說精要，錢謙益云：

> 仲淳少苦疾疢，壯多遊寓，所至必訪藥物，載刀筆，五十年而成書。仲淳歿後三十餘年，年家子陸仲德氏，讀繆氏之書而學其學，作爲《本草拔萃》，以發明其宗要。嗚呼！何其難也！仲淳天資敏捷，磊落瑰偉，從紫柏老人游，精研教乘，餘事作醫，用以度世耳。余觀其理積痾，起奇疾，沈思熟視，如入禪定，忽然而睡，煥然而興，

〔註 34〕錢謙益：〈卓去病全集序〉，收入錢謙益著，錢曾箋注，錢仲聯標校：《錢牧齋全集》，冊 5，牧齋有學集，卷 18，頁 780～781。

〔註 35〕錢謙益：〈本草單方序〉，收入錢謙益著，錢曾箋注，錢仲聯標校：《錢牧齋全集》，冊 2，牧齋初學集，卷 29，頁 871。

> 掀髯奮袖，處方撮藥，指麾顧視，拂拂然在十指涌出。語其險則齊桓之斬孤竹，語其奇則狄青之度崑崙，語其持重則趙充國之金城方略。淺人曲士，遙聽風聲，猶爲之口呿不合，況有能論其人，讀其書，知而好之，好而傳之者乎？余每思仲淳緒言，歎後世無子雲，今得見吾仲德，則仲淳不死也。于其著斯書也，樂爲之敘，以導引其志意，而假仲淳以發其端。仲德好學深思，束修矯志，進德修業，日新富有。余雖昏耄，尚能爲仲德詳敘上醫醫國之事，如太史公之傳扁鵲、倉公者，姑書此以俟之。〔註36〕

錢謙益爲繆仲淳寫的這這兩篇序文，一則寫於崇禎六年（1633），一則寫於仲淳歿後年（1626）三十年，約（1657）年，期間錢謙益歷經明亡，然錢謙益立志「效忠州之錄方書」、「如太史公之傳扁鵲、倉公」之志向不變，明亡前後錢謙益皆以藥喻詮釋救國之志。

明末閹黨魏忠賢等人對東林黨的迫害極其殘酷，錢謙益說道：「天啓四年，都察院左副都御史楊公劾奏逆閹魏忠賢二十四大罪。明年七月二十四日，考死詔獄。」〔註37〕天啓四年（1624），楊漣（1572～1625）劾奏閹黨魏忠賢二十四大罪，明年七月與左光斗俱遭受酷刑，死於獄中。李應升（1593～1626），字仲達，號次見，萬曆丙辰科進士（1616），也因上呈魏忠賢罪狀，天啓五年（1625）遭魏忠賢迫害削籍罷官爲民。天啓六年（1626）三月，被東廠逮捕，同年六年，被殺於獄中，時方三十四歲，崇禎初年其子爲之訟冤方得平反。錢謙益爲其作墓誌銘，錢謙益說：

> 公諱應昇，字仲達，常州江陰人也。……天啓乙丑，逆閹魏忠賢矯旨，削籍爲民。明年丙寅，矯旨逮繫，考死詔獄，閏六月之初三日也。年三十有四。崇禎元年，孤遜之上章訟冤，詔復官，贈太僕寺卿，予祭葬，給三代誥命，蔭一子入國學。〔註38〕

〔註36〕錢謙益：〈本草拔萃序〉，收入錢謙益著，錢曾箋注，錢仲聯標校：《錢牧齋全集》，牧齋有學集，冊5，卷15，頁717～718。

〔註37〕錢謙益撰：〈都察院左副都御史贈右都御史加贈太子太保謚忠烈楊公墓誌銘〉，收入錢謙益著，錢曾箋注，錢仲聯標校：《錢牧齋全集》，牧齋初學集，冊2，卷50，頁1268。

〔註38〕錢謙益：〈明福建道監察御史贈通議大夫太僕寺卿謚忠毅李公墓誌銘〉，收入錢謙益著，錢曾箋注，錢仲聯標校：《錢牧齋全集》，牧齋有學集，冊5，卷29，頁1072。

明末閹黨之禍甚鉅，錢謙益曾說：「嗚呼！國家閹宦之禍，燃於振，熾於瑾，而焚灼于忠賢。」〔註 39〕錢謙益細數明代閹宦之禍由王振而劉瑾至魏忠賢而成大禍，東林黨楊漣（1572～1625），於天啓四年（1624）上魏閹二十四大罪狀疏，被陷害下錦衣衛詔獄，天啓五年（1625）在獄中被閹黨陷害致死，當李應升欲上呈魏忠賢罪狀時雖遭其「從兄序班奕茂，攫而焚其稿。」然李應升仍堅持繼楊漣之後糾東廠罪狀，錢謙益《有學集》記載了此事：

> 既乃條列十六罪，具奏欲上，從兄序班奕茂，攫而焚其稿。公曰：「兄能攫我腹稿耶？」方炳燭繕寫，而應山疏已報聞，荷切責，乃抗章踵其後曰：「臣堂官楊漣糾東廠太監魏忠賢二十四大罪，皇上不立加誅逐，而憐其不辯，目為小心。夫忠賢非不欲辯也，千眞萬眞，無可辯也。……臣為皇上計，莫若聽忠賢之引退，以全其命，而解騎虎之危。即為忠賢計，莫若早自引退，以釋中外之疑而乞帷蓋之賜。而臣所私心責備者，君側不清，罪在宰相，一時富貴有盡，千秋青史難欺。不能為劉健、謝遷者，恐亦不能為李東陽。倘畫策投覹，不幾與焦芳同傳耶？」〔註 40〕

錢謙益這篇文章引述了李應升奏疏，其中「莫如聽魏忠賢引退，以全其命……」這段話在後來得到應驗，崇禎皇帝即位後，魏忠賢先請辭，最終上吊自殺。李應升為在這篇給明熹宗的疏文中，他感慨明正德皇帝重用太監劉瑾，而大臣——劉健、李東陽、謝遷皆未能獲武宗信任，其中「不幾與焦芳同傳耶？」李應升指出焦芳與依附宦官劉瑾之事，對應當時魏廣微、崔呈秀依附魏忠賢之可悲，錢謙益說：

> 而崔呈秀者，閹子之魁也，巡方無狀，總憲高忠憲公屬公具稿彈治。呈秀微服夜行，長跽求解，公叱去不許。遂與廣微比而懇公。廣微謀廷杖斃公，蒲州韓公力持之，罰俸一年。明年三月，削籍歸里。又明年，假織監疏，急徵詔獄，吏榜掠楚毒，侃侃不少屈。畢命之日，賦詩二章，東向拜書，以別父母。越三日，兄應炅出其屍，骨

〔註 39〕錢謙益：〈明福建道監察御史贈通議大夫太僕寺卿謚忠毅李公墓誌銘〉，收入錢謙益著，錢曾箋注，錢仲聯標校：《錢牧齋全集》，牧齋有學集，冊 5，卷 29，頁 1072。

〔註 40〕錢謙益：〈明福建道監察御史贈通議大夫太僕寺卿謚忠毅李公墓誌銘〉，收入錢謙益著，錢曾箋注，錢仲聯標校：《錢牧齋全集》，牧齋有學集，冊 5，卷 29，頁 1072～1073。

肉斷爛，竟不知其死何狀也。嗚呼！二正之季，閹官以人主爲尸，盜弄魁柄，旋踵撲滅，于國家猶無與也。天啓之禍，煽於羣小，廣微、呈秀，以忠賢爲尸，而羣小捉刀蜚矢，飛謀釣謗，又以廣微、呈秀爲尸。國家二百餘年長養之元氣，愛惜之人材，攻穴芟薙，如蟲之自食其肉，不盡不止。公當考掠時，每大聲呼籲二祖列宗。迄今三十餘年，國魚爛矣，世陸沈矣，宮鄰金虎，胥化爲飛塵餘燼矣。祖宗在天之靈將安呼乎？將安籲乎？起公于今日，不知其撫膺陷胸，又何如也？斯可爲痛哭也矣。〔註41〕

李應升曾代高攀龍疏劾崔呈秀，崔呈秀向李應升求情、長跪乞哀，李應升正色拒絕，崔呈秀因此勾結魏廣微、魏忠賢等人加害李應升。魏廣微爲魏允貞之子，與魏忠賢同鄉，自稱「宗弟」，與魏忠賢並稱「內外魏」，魏廣微父允貞爲言官，頗有清譽，李應升曾上書熹宗曰：「皇上宜戒諭廣微，繹敬愼之旨，安臣子之分。退讀父書，保其家聲。毋倚三窟，與言官爲難，庶幾上可以報聖明，而異日亦可以見乃父于地下。」〔註42〕此事使魏廣微益怒，圖謀杖斃李應升，幸得韓爌力救，然最終仍遭魏忠賢等迫害。錢謙益《有學集》記載了李應升「論天下有三患」之語：

論天下有三患，曰夷狄吭背之患、盜賊肘腋之患、小人腹心之患。三患不除，是生三病。邪氣生而元氣削，則病外；元氣削而神氣盡，則病內；庸醫側出，補瀉雜投，助客邪而伐眞元，則病醫。鑿鑿乎醫國之藥石，而病者弗省也！〔註43〕

李應升指出明末三病爲：夷狄、盜賊、小人等邪氣，當邪氣生則忠貞之士的元氣則削，元氣削而神氣盡，再加以庸醫不當投藥，於國終究無益，李應升之語實爲醫國之藥。

〔註41〕錢謙益：〈明福建道監察御史贈通議大夫太僕寺卿謚忠毅李公墓誌銘〉，收入錢謙益著，錢曾箋注，錢仲聯標校：《錢牧齋全集》，牧齋有學集，冊 5，卷 29，頁 1073～1074。

〔註42〕錢謙益：〈明福建道監察御史贈通議大夫太僕寺卿謚忠毅李公墓誌銘〉，收入錢謙益著，錢曾箋注，錢仲聯標校：《錢牧齋全集》，牧齋有學集，冊 5，卷 29，頁 1073。

〔註43〕錢謙益：〈明福建道監察御史贈通議大夫太僕寺卿謚忠毅李公墓誌銘〉，收入錢謙益著，錢曾箋注，錢仲聯標校：《錢牧齋全集》，冊 5，牧齋有學集，卷 29，頁 1074。

瞿汝說（1565～1623）之子瞿式耜爲錢謙益門生，瞿式耜最終殉國，錢謙益曾爲父瞿汝說《兵略》作序云：

> 是書也，如醫之有方，如弈之有譜，庸醫可以診奇疾，俗手可以當危局，用以東制奴，西討賊，庶幾克有成算，……給諫之刻是書也，固曰爲兵家之醫方奕譜。而吾以爲醫有上醫焉，奕有國工焉。明主得其人而用之，則端委廟堂，而四海從風。〔註 44〕

錢謙益對兵家亦有所期待，所謂反清復明非僅是紙上談兵之玄想。錢謙益是史家是哲學家，他試圖建立一個正統，這個正統必需是涵蓋文學（詩）、佛家、儒家思想的，錢謙益秉著「儒家史學」的價值觀，稱：「六經，史之宗統也。六經之中皆有史，不獨《春秋》三傳也。六經降而爲二史，班、馬其史中之經乎？」〔註 45〕錢謙益曾說：「經猶權也，史則衡之有輕重也。經猶度也，史則尺之有長短也。」〔註 46〕經典、歷史（立史）都成了建立新的論述權力中心所必需擁有的依據、權威，錢謙益所欲建構的「正統」也是筆者研究的方向之一。

三、錢謙益醫國手形象的建立

明亡之後，錢謙益對明代文學、文化有深刻的反省與批判，在文學中，瘋狂是一種獨特的現象，錢謙益認爲明清之際，文壇上的文人有瘋狂之病徵，錢謙益〈贈別胡靜夫序〉說：

> 今之稱詩者，掉鞅曲踊，號呼叫囂，丹鉛橫飛，旗纛竿立，撈籠當世，詆讕古學，磨牙鑿齒，莫敢忤視。譬諸狂易之人，中風疾走，眼見神鬼，口吞水火，有物馮之，懵不自知。已而晨朝引鏡，清曉卷書，黎丘之鬼銷亡，演若之頭具顯。試令旋目思之，有不啞然失笑乎？……余自喪亂以來，舊學荒落，己丑之歲，訟繫放還，網羅古文逸典，藏弆所謂絳雲樓者，經歲排纘，摩娑盈箱插架之間，未遑于雒誦講復也。而忽已目明心開，欣如有得。刦火餘燼，不復料

〔註 44〕錢謙益：〈兵略序〉，收入錢謙益著，錢曾箋注，錢仲聯標校：《錢牧齋全集》，冊 2，牧齋初學集，卷 29，頁 873～874。

〔註 45〕錢謙益：〈再答蒼略書〉，收入錢謙益著，錢曾箋注，錢仲聯標校：《錢牧齋全集》，冊 6，牧齋有學集，卷 38，頁 1310。

〔註 46〕錢謙益：〈汲古閣毛氏新刻十七史序〉，收入錢謙益著，錢曾箋注，錢仲聯標校：《錢牧齋全集》，冊 5，牧齋有學集，卷 14，頁 679～680。

理，蓬心茅塞，依然昔我。每謂此火非焚書，乃焚吾焦腑耳。南海陳元自恨不學，晨夕陳五經拜之，久之忽能識字。蓋聖賢之神理，與吾人之靈心，熏習傳變，所謂如染香人身有香氣，非人之所能與也。〔註47〕

錢謙益於此文中提及己丑之歲（1649）訟繫放還之後，搜羅古文於絳雲樓，並且讀書頗有進境，目明心開有所得，此文中所謂「劫火餘燼」及「此火非焚書，乃焚吾焦腑耳」可能是指庚寅年（1650）絳雲樓失火之事，錢謙益云：「甲申之亂，古今書肆圖籍一大劫也。庚寅之火，江左書肆圖籍一小劫也。」顧苓《河東君小傳》：「庚寅冬，絳雲樓不戒於火，延及半野堂，向之圖書玩好略盡矣。」絳雲樓祝融之災惟佛像梵筴，如有神護，得不焚云，餘皆為灰燼。錢謙益於次年辛卯年（1651）作《楞嚴經疏解蒙鈔》。

順治四年丁亥年（1647）抗清義士黃毓祺（1579～1648）被擒，錢謙益因曾資助黃毓祺遂被逮，柳如是冒死從行，誓上書代死，否則以身殉。錢謙益〈和東坡西臺詩韻六首〉序云：

丁亥三月晦日，晨興禮佛，忽被急徵。鋃鐺拖曳，命在漏刻。河東夫人沉痾臥蓐，蹶然而起，冒死從行，誓上書代死，否則從死。慷慨首塗，無刺刺可憐之語。余亦賴以自壯焉。獄急時，次東坡禦史臺寄妻詩，以當訣別。〔註48〕

戊子年（1647）錢謙益於鋃鐺隙日撰《列朝詩集》，黃毓祺病死獄中。己丑年（1649）錢謙益歸里盡發所藏書，將撰《明史》，而門人毛子晉為刻《列朝詩集》。顧苓《河東君小傳》：「宗伯選《列朝詩》，君為勘定《閨秀》一集。」柳如是協助錢謙益編纂《列朝詩集》之〈閏集〉。錢謙益〈贈別胡靜夫序〉所說，今之稱詩者詆譋古學，頗似「狂易」之人，亦似黎丘丈人與迷失自我的「演若達多」。演若多之頭援引佛經故事，室羅城有一狂人名為演若達多。因以鏡照面，能得見頭中眉目而喜，而觀己，不得見己頭中眉目，因大瞋恨，謂是魑魅所作而狂走，《楞嚴經》曰：

汝豈不聞：室羅城中演若達多，忽於晨朝，以鏡照面，愛鏡中頭眉

〔註47〕錢謙益：〈贈別胡靜夫序〉，收入錢謙益著，錢曾箋注，錢仲聯標校：《錢牧齋全集》，冊5，牧齋有學集，卷22，頁898。

〔註48〕錢謙益：〈和東坡西臺詩韻六首并序〉，收入錢謙益著，錢曾箋注，錢仲聯標校：《錢牧齋全集》，冊4，牧齋有學集，卷1，頁8～9。

> 目可見，嗔責己頭不見面目，以爲魑魅，無狀狂走。於意云何？此人何因無故狂走？富樓那言：是人心狂，更無他故。

「黎丘之鬼」典故出自《呂氏春秋》有鬼常假扮爲他人家人的模樣害人，有一丈人誤識自己的兒子爲鬼所假扮的，竟把他殺了。不管是「黎丘之鬼」或「演若之頭」錢謙益指出眾人迷惑於假象，而陷入錯誤與「狂易」。錢謙益抨擊詆毀古學者頗類「狂易」之症，「狂易」是一種病症，〔註49〕而「黎丘之鬼」、「演若之頭」之病徵更像是「癲狂」，《慣樞，癲狂》載：

> 狂始生，先自悲也，喜忘若怒善恐者，得之憂饑……狂始發，少臥不饑，自高賢也，自辯智也，自尊貴也，善罵詈，日夜不休……狂言、驚、善笑、爲歌樂，妄行不休者，得之大恐……狂，目妄見，耳妄聞。善呼者，少氣之所生也……狂者多食，善見鬼神，善笑而不發於外者，得之有所大喜。〔註50〕

文人被看作神靈附體，精神分裂。矛盾的是，錢謙益有時會讚美這種神靈附體的瘋狂語言，寫作時的迷醉狀態。錢謙益於〈李叔則霧堂集序〉中說道：

> 以余老於文學，畧知其利病，謂可以一言定其文。余讀之赧然，感而卒業，欷歔歎息焉。……吾讀叔則文，至《詹言》、論辨諸篇，穿穴天咫，籠挫萬物，罕譬曲喻，支出横貫，眩掉顛踣，若寐若厭，久之如出夢中。此則文心怳忽，作者有不自喻，宜其借目於我也。舉世歎譽叔則，徒駭其高騁夐厲，疾怒急擊，驅濤湧雲，凌紙怪發，豈知其杼軸余懷，有若是與！文章之在天地，猶大海也。古之文人才士，茗發穎豎者，皆盤回洑流之中，迢然夐出者也。〔註51〕

這種寫作狀似瘋狂，「若寐若厭，久之如出夢中」，超越作者自覺意識，「作者有不自喻」。錢謙益也曾承認他的攻擊也是某種病毒的發作，〈答王于一秀才論文書〉說：

> 乙未冬，爲周元亮敘《賴古堂文選》，數俗學流派，擢掐病根，多所

〔註49〕袁枚《新齊諧鬼弄人》：「沉大喜，持鋤掘丈餘，卒無有，竟一怒而得狂易之疾。」

〔註50〕《張氏醫通·神志門》亦載：「狂之爲病，皆由阻物過極，故倡狂剛暴，若有邪附，妄爲不避水火，罵詈不避親疏，或言未嘗見之事，非力所能，病反能也。」

〔註51〕錢謙益：〈李叔則霧堂集序〉，收入錢謙益著，錢曾箋注，錢仲聯標校：《錢牧齋全集》，冊5，牧齋有學集，卷20，頁832～833。

> 破斥。……俄而爲二三士友弄引，惟論詩家之弊，歸獄于嚴儀卿、劉會孟曁本朝之高棅，矯首厲角，又成鬩端。譬諸穀陽豎之飲，左阿之舞，勞歌夢囈，浸淫發作，此佛所云習氣種子也。今而後綺語惡舌，奉持木叉戒，請自文字始。〔註 52〕

錢謙益於文中提到自己爲周元亮《賴古堂文選》作序，時間是乙未順治十二年（1655），是錢謙益的晚年，文中自承「勞歌夢囈，浸淫發作」是習氣未盡，所謂「今而後綺語惡舌，奉持木叉戒，請自文字始」又有懺悔的意味。錢謙益〈賴古堂文選序〉是這樣說的：

> 己丑之春，余釋南囚歸里，盡發本朝藏書，裒輯史乘，得數百帙，選次古文，得六十餘帙，州次部居，遺蒐闕補，忘食廢寢，窮歲月而告成。庚寅孟冬，不戒于火，爲新宮三日之哭，知天之不假我以斯文也。息心棲禪，皈依內典，世間文字，眇然如塵沙積刦矣。越五年甲午，遇周子元亮于吳門，出《賴古堂文選》屬余是正，且請爲其序。序曰：近代之文章，河決魚爛，敗壞而不可救者，凡以百年以來，學問之繆種，浸淫于世運，熏結于人心，襲習綸輪，醞釀發作，以至于此極也。〔註 53〕

此序文中再次提到己丑年（1649）從獄中歸還後，發願爲本朝（明朝）著書——即《列朝詩集》，又提到然庚寅孟冬（1650）絳雲樓失火之事，自此息心棲禪，皈依佛典，過了五年，即甲午年（1654），周元亮請錢謙益爲其《賴古堂文選》作序，錢謙益因此對明代文風作一全面的反省，錢謙益說：「學問之繆種，浸淫于世運」，學術之敗壞連帶影響世運，由此可見，文學除了有經世的功能——療救社會之外，還需能言志，文學抒發需出自切身的體驗，錢謙益於癸巳年（1653）〈周元亮賴古堂合刻序〉說：

> 古之爲詩者有本焉，《國風》之好色，《小雅》之怨誹，《離騷》之疾痛叫呼，結轖於君臣夫婦朋友之間，而發作于身世偪側、時命連蹇之會，夢而噩，病而吟，舂歌而溺笑，皆是物也。故曰有本。唐之李、杜，光燄萬丈，人皆知之。放而爲昌黎，達而爲樂天，麗而爲

〔註 52〕錢謙益：〈答王于一秀才論文書〉，收入錢謙益著，錢曾箋注，錢仲聯標校：《錢牧齋全集》，冊 6，牧齋有學集，卷 38，頁 1327～1328。

〔註 53〕錢謙益：〈賴古堂文選序〉，收入錢謙益著，錢曾箋注，錢仲聯標校：《錢牧齋全集》，冊 5，牧齋有學集，卷 17，頁 768。

義山，譎而爲長吉，窮而爲昭諫，詭灰㚑几而爲盧仝、劉叉，莫不有物焉，魁壘耿介，槎枒于肺腑，擊撞于胸臆，故其言之也不慚，而其流傳也，至于歷劫而不朽。今之爲詩，本之則無，徒以詞章聲病，比量于尺幅之間，如春花之爛發，如秋水之時至，風怒霜殺，索然不見其所有，而舉世咸以此相夸相命，豈不末哉！〔註54〕

錢謙益認爲寫作需來自切身的經驗，諸如：人我關係、身世困頓、病痛的呻吟、驚恐嚇人的夢魘、戚夫人遭呂后凌遲時所作的舂歌，皆源於《國風》之好色，《小雅》之怨誹，《離騷》之疾痛叫呼，李白、杜甫、韓愈、白居易、李商隱、詩鬼李賀、羅隱、怪誕派盧仝、劉叉等人之詩作從肺腑中出，寫作需有切身的感受，要能反應時局。錢謙益寫作此文時，爲明亡後九年（1653），錢謙益此時已與周亮工分別八年，〔註55〕周亮工，字元亮（1612～1672），崇禎十七年（1644），李自成破京師時欲投繯自殺，但爲家人所救。《清史列傳》將周亮工列入〈貳臣傳〉，理由是順治二年（1645）「豫親王多鐸兵下江南，亮工詣軍門降。」周亮工推崇嚴羽詩論，曾與建建詩話樓，祀宋嚴滄浪其上，召邑諸生能詩者益日與倡和。錢謙益稱其詩文：「情深而文明，言近而指遠，包涵雅故，蕩滌塵俗，卓然以古人爲指歸，而不墮入于昔人之兔徑與近世之鼠穴」。〔註56〕錢謙益寫作此序文的時間爲癸巳年（1653）此時周亮工已多次鎮壓福建反清起義，亦積極圍剿鄭成功的「反清復明」活動，並著手刻嚴羽《詩話》，〔註57〕錢謙益「懼世之學詩者，奉滄浪爲質的，因序元亮詩而梗概及之。」〔註58〕在錢謙益的觀點中，宋元明詩史是一個毒發的歷史，而「邪

〔註54〕錢謙益：〈周元亮賴古堂合刻序〉，收入錢謙益著，錢曾箋注，錢仲聯標校：《錢牧齋全集》，冊5，牧齋有學集，卷17，頁767。

〔註55〕錢謙益說：「癸巳春，余游武林，得元亮《清漳城上》四章，讀而歎曰：『余與元亮別八年矣，久不見元亮詩，不謂筆力老蒼，感激悲壯，一至于此！』」錢謙益：〈周元亮賴古堂合刻序〉，收入錢謙益著，錢曾箋注，錢仲聯標校：《錢牧齋全集》，冊5，牧齋有學集，卷17，頁766。

〔註56〕錢謙益：〈周元亮賴古堂合刻序〉，收入錢謙益著，錢曾箋注，錢仲聯標校：《錢牧齋全集》，冊5，牧齋有學集，卷17，頁766～767。

〔註57〕錢謙益說：「元亮近在樵川，痛詩道榛蕪，刻嚴羽《詩話》以風示海內。」錢謙益：〈周元亮賴古堂合刻序〉，收入錢謙益著，錢曾箋注，錢仲聯標校：《錢牧齋全集》，冊5，牧齋有學集，卷17，頁767。

〔註58〕錢謙益：〈周元亮賴古堂合刻序〉，收入錢謙益著，錢曾箋注，錢仲聯標校：《錢牧齋全集》，冊5，牧齋有學集，卷17，頁767。

師魔見，蘊釀于宋季之嚴羽卿、劉辰翁」，〔註59〕錢謙益〈徐元歎詩序〉也說：「羽卿之言，二百年來，遂若塗鼓之毒藥。」〔註60〕嚴羽甚至得了熱病，發出譫語，錢謙益說：「嚴氏之論詩，亦其翳熱之病耳。」〔註61〕明代詩學不啻一個疾病的演繹史，錢謙益論詩反對嚴羽的「妙悟」說，錢謙益友人顧茂倫撰《唐詩英華》用以針砭高棅、嚴羽論唐詩之弊，錢謙益讚賞地說：「用以箴嚴氏膏肓之癖，洗高氏耳食之陋……諸有智者，用是集爲經方，診翳熱之病，而審知其所自始，其必將霍然而起也。」〔註62〕錢謙益認爲始於宋代嚴羽，成熟於明初高棅的唐詩初、盛、中、晚四期之說充滿了謬誤，今人郭紹虞認爲：嚴羽「雖以禪喻詩，然而對禪學並沒有弄清楚。……殊不知乘只有大小之別，聲聞辟支果即在小乘之中。」錢謙益寫於屠維大淵獻（己亥年1659），〈唐詩鼓吹序〉云：

> 蓋三百年來，詩學之受病深矣。館閣之教習，家塾之程課，咸稟承嚴氏之《詩法》、高氏之《品彙》，耳濡目染，鐫心刻骨。學士大夫，生而墮地，師友熏習，隱隱然有兩家種子盤互于藏識之中。迨其後時知見日新，學殖日積，洄旋起伏，衹足以增長其邪根繆種而已矣。〔註63〕

〔註59〕錢謙益說：「古學日遠，人自作辟。邪師魔見，蘊釀于宋季之嚴羽卿、劉辰翁，而毒發于弘、德、嘉、萬之間。」錢謙益：〈愛琴館評選詩慰序〉，收入錢謙益著，錢曾箋注，錢仲聯標校：《錢牧齋全集》，冊5，牧齋有學集，卷15，頁713。

〔註60〕錢謙益：〈徐元歎詩序〉，收入錢謙益著，錢曾箋注，錢仲聯標校：《錢牧齋全集》，冊2，牧齋初學集，卷32，頁924。

〔註61〕〈唐詩英華序〉說：「目翳者別見空華，熱病者旁指鬼物。嚴氏之論詩，亦其翳熱之病耳。而其症傳染于後世，舉目皆嚴氏之眚也，發言皆嚴氏之譫也，而互相標表，期以藥天下之詩病，豈不傎哉！」錢謙益：〈唐詩英華序〉，收入錢謙益著，錢曾箋注，錢仲聯標校：《錢牧齋全集》，冊5，牧齋有學集，卷15，頁708。

〔註62〕錢謙益：〈唐詩英華序〉，收入錢謙益著，錢曾箋注，錢仲聯標校：《錢牧齋全集》，冊5，牧齋有學集，卷15，頁708。

〔註63〕錢謙益：〈唐詩鼓吹序〉，收入錢謙益著，錢曾箋注，錢仲聯標校：《錢牧齋全集》，冊5，牧齋有學集，卷15，頁709。在〈唐詩英華序〉中，錢謙益亦對嚴羽以禪喻詩提出批判，錢謙益云：「嚴氏以禪喻詩，無知妄論，……謂學漢、魏、盛唐爲臨濟宗，大曆以下爲曹洞宗，不知臨濟、曹洞初無勝劣也。」錢謙益：〈唐詩英華序〉，收入錢謙益著，錢曾箋注，錢仲聯標校：《錢牧齋全集》，冊5，牧齋有學集，卷15，頁707。

錢謙益詩論多少也涉及鬼趣，甚至形成某種性靈詩學，〈宋子建遙和集序〉說：

古之和詩者，莫善于江淹。江之言曰：「蛾眉詎同貌，而俱動于魄；芳草寧共氣，而皆悅于魂。」論詩而至于動魄悅魂，精矣，微矣。推而極之，《三百篇》、《騷》、《雅》以迄唐後之詩，皆古人之魄也。千秋已往，窮塵未來，片什染神，單詞刺骨，揚之而色飛，沈之而心死，非魄也，其魂也。鍾嶸之稱《十九首》：「驚心動魄，一字千金。」正此物也。如其不爾，則玄黃律呂，金碧浮沈，皆象物也，皆死水也。雖其駢花麗葉，餘波綺麗，亦將化爲陳羹塗飯，而矧其諓諓者乎？子建所和之詩，皆魄也。有魂焉以尸之，經營將迎，意匠恍忽，所謂動魄悅魂者，江氏能言之，而子建能知之。〔註64〕

這是以魂魄觀念解釋文學遺產，擬古變成某種招魂的行爲。「魄」大概是指有形的文學體製，像《詩經》、《楚辭》、唐後之詩等；「魂」則是寄寓在文字中的精神，「片什染神，單詞刺骨」，具有時間的永恆性，「千秋已往，窮塵未來」。幽靈與遺產的論述隨著改朝換代更爲加劇，〈與周安期〉說：

鼎革之後，恐明朝一代之詩，遂致淹沒，欲仿元遺山《中州集》之例，選定爲一集，使一代詩人精魂，留得紙上，亦晚年一樂事也。〔註65〕

錢謙益某種程度發展了晚明的性靈詩學，順治十一甲午年（1654）〈尊拙齋詩集序〉說：

今之論詩者，刌度格調，劇鉥肌理，奇神幽鬼，旁行側出，而不知原本性情。言古詩則曰《十九首》，亦知其驚心動魄，一字千金者乎？言今體則曰杜陵，亦知其語不驚人，餘波綺麗者乎？義山之〈隋宮〉、〈馬嵬〉，長吉之銅仙遼海，《長慶》之〈長恨〉、〈諷諭〉，一言半句，色飛灰死，連章累什，心折骨驚，有能唱嘆吟咀，深知其旨意者乎？……夫詩之爲道，性情學問參會者也。〔註66〕

錢謙益爲龔鼎孳〈尊拙齋詩集〉作序，其中所舉詩例也多鬼趣。錢謙益非常重

〔註64〕錢謙益：〈宋子建遙和集序〉，收入錢謙益著，錢曾箋注，錢仲聯標校：《錢牧齋全集》，冊5，牧齋有學集，卷17，頁762。

〔註65〕錢謙益：〈與周安期〉，收入錢謙益著，錢曾箋注，錢仲聯標校：《錢牧齋全集》，冊7，牧齋雜著，錢牧齋先生尺牘，卷1，頁236。

〔註66〕錢謙益：〈尊拙齋詩集序〉，收入錢謙益著，錢曾箋注，錢仲聯標校：《錢牧齋全集》，冊7，牧齋雜著，牧齋有學集文鈔補遺，頁412。

視詩史的觀念，奇怪的是，詩史和某種性靈詩學有關。〈彭達生晦農草序〉說：

> 弘光南渡，東南旍弓輿馬之士，舉集南都。彭子達生、韓子茂貽將應維揚幕辟，客余宗伯署中。……越七年辛卯，遇達生于廣陵僧舍，風塵顦顇，扱衣雜坐，久之乃辨識顏面。起而再拜，涕泗沾衣袂，喉吻喀喀然，有言而各不能吐。……更七八年，余老而加病，頭童耳聵，頹然退院老僧。少年茂貽輩多物故，達生聲塵阻絕，如在異國，側身天地，每自傷孤另而已。今年長夏臥病，忽得達生書，則大喜。又得其所作詩文，則又喜。……以文章之未衰，而知其志氣尚在，則尤可喜也。……若宋之謝翶，當祥興之後，作鐃歌鼓吹之曲，一再吟咏，幽幽然如鴞啼鬼語，蟲吟促而猿嘯哀。甚矣哉！〔註67〕

南明弘光南渡時（1645），錢謙益曾與彭達生見面，經過七年辛卯年（1651）再遇彭達生於僧舍，彭達生已面容憔悴，又經歷七、八年，錢謙益老而病，而後忽得彭達生書信及其詩文，因彭達生之文猶存志氣，使垂垂老矣的錢謙益大喜。宋朝於祥興二年被元朝所滅，故謝翺於祥興之後的作品「幽幽然如鴞啼鬼語，蟲吟促而猿嘯哀」，這是錢謙益所不願意聽到的悲歌，是錢謙益揮之不去的夢魘。錢謙益於〈答彭達生書〉亦云：「獨不喜觀西臺晉井諸公之詩，如幽獨若鬼語，無生人之氣，使人意盡不歡。而亦以立夫《桑海》之編，克勤《遺民》之錄，皆出于祥興澌滅之後，今人忍于稱引，或未之思耳。」〔註68〕錢謙益要振作奮發，拒絕遺民的哀怨之音；但長遠來看，遺民就像幽靈夢魘，是錢謙益潛在想要逃避的？類似看法也見於〈題紀伯紫詩〉，末署「己丑春王三月」是順治六年（1649），文云：

> 余方鋃鐺逮繫，纍然楚囚。誦伯紫之詩，如孟嘗君聽雍門之琴，不覺其欷歔太息，流涕而不能止也。雖然，願伯紫少閟之，如其流傳歌咏，廣賁焦殺之音，感人而動物，則將如師曠援琴而鼓最悲之音，風雨至而廊瓦飛，平公恐懼，伏于廊屋之間，而晉國有大旱赤地之凶。可不慎乎！可不懼乎！〔註69〕

〔註67〕錢謙益：〈彭達生晦農草序〉，收入錢謙益著，錢曾箋注，錢仲聯標校：《錢牧齋全集》，冊5，牧齋有學集，卷19，頁810～811。

〔註68〕錢謙益：〈答彭達生書〉，收入錢謙益著，錢曾箋注，錢仲聯標校：《錢牧齋全集》，冊6，牧齋有學集，卷38，頁1333。

〔註69〕錢謙益：〈題紀伯紫詩〉，收入錢謙益著，錢曾箋注，錢仲聯標校：《錢牧齋全集》，冊6，牧齋有學集，卷47，頁1548～1549。

改朝換代、入獄經驗似乎帶來很大的衝擊，形成一種恐懼，害怕戰爭的恐怖，遺民的聲音。錢謙益公然勸告復社的紀映鍾（1609～1681）「少閟之」（1609～1681），這種心理的壓力與衝突值得注意。從某種角度來說，詩史和鬼語是一體的兩面，〈學古堂詩序〉說：

> 包胥之哭秦庭也，三日三夜不絕聲，淚盡而繼之以血，此亦天下之至哀也。當其號哭之時，飄風之叫嚎，林木之畏懼，鬼物之吟嘯，飛鳥走獸之踟躕躑躅，靡不相其悲、助其哀，而況于人乎？……而不知包胥之一哭，足以蕩吳氛、噓楚燼、厲秦燉，噫氣怒吁，激謞叱吸之聲，至今在天地間，謂楚無詩也其可乎？……論聖秋之詩者，謂之秦聲可也，謂之楚哭可也。遠追〈無衣〉，近效〈北征〉，風飄木號，鬼神吟嘯。〔註 70〕

申包胥爲伍子胥之友，當伍子胥從楚國出逃至吳國時，並助吳攻楚之際，申包胥至秦國求援，並哭秦庭七日，終感動秦王出兵助楚。包胥之哭秦庭，可使「鬼物之吟嘯」亦可以「蕩吳氛、噓楚燼、厲秦燉」，鬼趣似乎亦有其可取的正面意義。

錢謙益曾寫詩讚賞友人喻昌（嘉言，1585～1664），其詩〈贈新建喻嘉言〉云：「公車不就幅巾徵，有道通儒梵行僧。習觀湛如盈室水，煉身枯比一枝藤。嘗來草別君臣藥，拈出花傳佛祖燈。」〔註 71〕此詩首句「公車不就幅巾徵」援引東漢明醫韓康之典故，韓康曾隱姓埋名賣藥於市，因價格不二，反爲人知，官府多次聘請他到朝中任職，他都推辭不就，最後隱居霸陵山中。此詩讚賞喻嘉言能如韓康般隱居，並讚賞喻嘉言爲通儒，並且具足清白梵行之相。喻嘉言於清兵入關後隱於禪，後又出禪攻醫。錢謙益對名醫喻嘉言讚賞不已，爲其《醫門法律》作序，錢謙益〈俞嘉言醫門法律序〉云：

> 余讀天台《止觀》書，論四大五藏，增損得病，因起非一。病相眾多，識因治病。舉要言之，則有《瑜伽》四種善巧，《雜阿含》七十二種秘法。其言精深奧妙，殊非世典醫經、經方兩家所可幾及。當知我如來出世爲大醫王，五地菩薩，方便度生，以善方藥療治諸病，

〔註 70〕錢謙益：〈學古堂詩序〉，收入錢謙益著，錢曾箋注，錢仲聯標校：《錢牧齋全集》，冊 5，牧齋有學集，卷 20，頁 840～841。

〔註 71〕錢謙益：〈贈新建喻嘉言〉，收入錢謙益著，錢曾箋注，錢仲聯標校：《錢牧齋全集》，冊 4，牧齋有學集，卷 4，頁 135。

非積刼誓願，用醍醐上藥供養諸佛，教化眾生，不能現藥王身說法，豈特通天地人之儒也哉！〔註72〕

此書序作於甲午年（1654），明亡後十年，此序文除了再次讚賞喻嘉言爲「通天地人之儒」外，亦稱其「現藥王身而爲說法」，從中也可以見出錢謙益對佛法的研究，錢謙益指出佛典中「殊非世典醫經、經方兩家所可幾及」，佛家亦有對治身體疾病之醫方，天台宗智者大師的《摩訶止觀》有〈觀病患境〉有治病之方，智者大師的《小止觀》中也曾引《雜阿含經》的七十二種治病秘法，另《瑜伽師地論》指出「醫方明處」即醫治眾生的種種學問，包含「一於病相善巧，二於病因善巧，三於已生病斷滅善巧，四於已斷病後更不生方便善巧。」錢謙益於〈俞嘉言醫門法律序〉繼而說道：

然吾觀如來之論醫，蓋莫精于《大涅槃經》舊醫客醫之說。夫舊醫之治病，不別風熱寒溫，悉令服乳，客醫之厲禁之者宜也。厲禁行而王病愈，國無橫死，禁乳之效，可見于前矣。迨王之熱病作也，非乳不起，而客醫之所以除病者，即所禁舊醫之乳藥而已。捨舊醫之乳藥，而求客醫之乳藥，雖謁大自在天而請之，豈可得哉？由此觀之，病因弘多，病相頗異。古方新病，有不相能。〔註73〕

國王每病，舊醫不辨症狀，一味授與乳藥，新醫於是禁用乳藥，國王因此病癒，此佛典故事錢謙益於〈鼓吹新編序〉亦曾提及，錢謙益說：

雖然，亦知夫舊醫、新醫之說乎？舊醫、新醫之所用者，皆乳藥也。王之初病也，新醫禁舊醫之乳藥，國中有欲服者，當斬其首，而王病愈。及王之復病也，新醫占王病仍應服舊醫之乳藥，而王病亦愈。〔註74〕

新醫禁用舊醫乳藥，王聽其言，並令全國皆禁斷乳藥。後來，王患病，新醫又用了舊醫乳藥，此一譬喻，是以舊醫比喻外道，以新醫比喻如來，新醫禁用舊醫乳藥，猶如佛陀欲摧迫外道邪說（舊醫），新醫後用乳藥只是因時制宜，乳藥之名稱前後雖同，但佛能視眾生需要而給藥，外道則不能。新醫猶如佛

〔註72〕錢謙益：〈俞嘉言醫門法律序〉，收入錢謙益著，錢曾箋注，錢仲聯標校：《錢牧齋全集》，冊5，牧齋有學集，卷15，頁718。

〔註73〕錢謙益：〈俞嘉言醫門法律序〉，收入錢謙益著，錢曾箋注，錢仲聯標校：《錢牧齋全集》，冊5，牧齋有學集，卷15，頁719。

〔註74〕錢謙益：〈鼓吹新編序〉，收入錢謙益著，錢曾箋注，錢仲聯標校：《錢牧齋全集》，冊5，牧齋有學集，卷15，頁712。

陀能通曉一切法，在喻嘉言《尚論篇》亦有錢謙益所序文，其〈喻氏尚論篇敘〉說：「昔人有言：以至精至微之道，傳之以至下至淺之人。儒以學術殺天下，醫以經方殺天下。」〔註 75〕「儒以學術殺天下」似乎已隱含以理殺人之說。〈答張靜涵司農第一札〉說：

> 昨與覺浪兄拈廣額屠兒公案，漫云：「屠兒多生用屠刀殺生，我輩多生用筆管殺人。我輩之筆管，即屠兒之屠刀也。」浪亦印可其言。〔註 76〕

藥與毒是一體兩面，錢謙益與嚴熊論詩，佛與魔亦源自於自心，錢謙益〈再與嚴子論詩語〉說：

> 得生於喜，喜生於愛，是爲愛魔，亦爲詩魔。此魔入人之肺腑，能招引種種庸妄詩魔，以爲伴侶，魔日強而詩日下。唐人之授劍術者曰：「凡刺人必先斷其所愛，然後決之。」此言雖誕，可以爲學道學詩之善喻。〔註 77〕

嚴熊，字武伯（1626～1691）十三歲時（崇禎十一年，1638）便曾接觸過錢謙益，其《次和友人歲暮感懷二十首》記曰：「問字賓朋曾接跡，分甘童稚幾抄匙。」三十三歲（順治十五年，1658）冬日「以詩數百篇投錢牧齋」，使是年秋天因孫夭折的錢謙益破啼一笑，嚴熊三十四歲時（順治十六年，1659）錢謙益爲他寫作《嚴武伯詩卷》時，曾提及此事，云：

> 當武伯投詩日，余方有哭孫之戚，老淚漬眼，爲之破涕一笑。……武伯，子張之才子也。子張有幽憂之疾，二童子扶掖就醫。余語武伯：「子勿憂。子于晨昏少間，舉其所著歌詩，高吟雒誦，如彈絲竹，如考琴瑟。子之尊人，憑几而聽之，殆將氣浸淫滿大宅，霍然體輕而病良已也。」書之以詒武伯，且以示世之人知淵明、少陵之古方，可以起沈憂代藥物也，則自余之療子張始。〔註 78〕

嚴熊的詩作使哭孫的錢謙益「體輕而病良已也」，文學有療癒人心的功用。康

〔註 75〕錢謙益：〈喻氏尚論篇敘〉，收入錢謙益著，錢曾箋注，錢仲聯標校：《錢牧齋全集》，冊 7，牧齋雜著，牧齋有學集文鈔補遺，頁 398。

〔註 76〕錢謙益：〈答張靜涵司農第一札〉，收入錢謙益著，錢曾箋注，錢仲聯標校：《錢牧齋全集》，冊 6，牧齋有學集，卷 40，頁 1385～1386。

〔註 77〕錢謙益：〈再與嚴子論詩語〉，收入錢謙益著，錢曾箋注，錢仲聯標校：《錢牧齋全集》，冊 6，牧齋有學集，卷 48，頁 1575。

〔註 78〕錢謙益：〈題嚴武伯詩卷〉，收入錢謙益著，錢曾箋注，錢仲聯標校：《錢牧齋全集》，冊 6，牧齋有學集，卷 48，頁 1572～1573。

熙三年（1664）甲辰，錢謙益八十三歲病故，族人錢朝鼎、錢謙光、錢曾等勾結，乘機搶封錢氏家產，錢謙益雖生育過四子，但僅存一與妾朱氏所生之嗣子錢孫愛，錢謙益去世後，族黨藉口鬨於錢家，錢孫愛不知爲計，柳如是婉言謝眾曰：「明日合宴，其有所需，多寡惟命。」眾散後，柳如是中夜書訟詞，向府縣告難，後自縊。明日，府縣聞柳夫人死，命捕諸惡少，則皆抱頭逃竄不復出，錢孫愛以匹禮將其與錢謙益合葬。嚴熊與錢曾均曾受教於錢謙益，嚴熊以〈負心殺命錢曾公案〉一文布告、控訴錢曾等人罪行，以報答錢謙益，康熙三年甲辰（1664）錢謙益家難一事，嚴熊曾撰文〈負心殺命錢曾公案〉云：

> 竊聞恩莫深于知己，而錢財爲下。罪莫大於負心，而殺命尤慘。牧齋錢公主海內詩文之柄五十餘年，同里後學硯席侍側者，熊與錢曾均受教益。今公甫逝，骨肉未寒，反顏肆噬，逼打家人徐瑞寫身炙詐銀三十六兩。今月廿八日複誣傳族勢赫奕，同錢天章虎臨喪次，立逼柳夫人慘縊。亙古異變，宇宙奇聞。熊追感師恩，鳴皷討賊。先此布告，行卽上控下訴，少效豫讓吞炭之意。

嚴熊自錢牧齋卒後，每至歲朝，必詣牧齋柩前叩首，嚴熊以豫讓報答知己之事點出一己欲報師恩、知己之志，其所寫之〈負心殺命錢曾公案〉一文，爲錢、柳之身後事抒發不平與遺憾，對嚴熊來說，這是他報答師恩的方式，也爲錢、柳紀錄了寫實的生命完結篇。

第五章　結　論

一、結論

泰州學派羅汝芳提出的「赤子之心」與李卓吾的「童心說」以及湯顯祖的「至情」觀，在心學上一脈相承，李卓吾與湯顯祖的藥、病隱喻皆對執一定理的腐儒有所嘲諷，湯顯祖更進一步以藥、病隱喻為「情」發聲。在思想史上，李卓吾、湯顯祖所屬的泰州學派常以「藥」、「病」為喻，詮釋學說及觀點，泰州學派傳承了王陽明的心學，王陽明曾以「知行合一」為藥，闡述理學病痛，陽明弟子王龍溪闡述致良知，把良知喻為靈氣，除了「致良知」之外，王龍溪進一步指出一念靈明之說，以一念靈明作為準則、標準而統禦身心，強調戒慎恐懼，根治學者病痛，這是王龍溪所開出的成聖藥方，功夫更為簡便，可以根治學者病痛、缺失。王陽明後學泰州學派的創始人王艮其說簡易標舉「百姓日用即道」，倡「滿街都是聖人」，遭斥為異端之說，其門下有李卓吾、顏鈞、羅汝芳等，其中顏鈞曾幫助羅汝芳治癒「心火」，從學說的隱喻用語到實際作為治療心理疾病的療方，泰州學派的影響力心不容小覷。

然而泰州學派、禪宗常為東林學派眼中的疾病叢生之社會亂源，東林學派雖反對陽明學派的「無善無惡」之說，但對於陽明學派所稱道的狂者胸次並未全盤否定，錢謙益曾為東林黨黨魁，對泰州學派並非抱持著全然否定的態度，錢謙益認為：王陽明是「救病之急劑」，錢謙益對其「號呼惕厲」有著寄望。泰州學派「狂子、僇民」的產生，亦為不得已之必要，顏山農、何心隱、李卓吾等人為狂，但狂者猶有可取之處。東林學派、泰州學派都常以藥、病為喻，展露其醫國之志，其中的藥、病之喻涉及權力的建構與解構，兩者

病爲喻，展露其醫國之志，其中的藥、病之喻涉及權力的建構與解構，兩者精神中的暗合之處，都是筆者所欲討論的問題。在精神史層面，明清之際有許多面向是承繼的，明亡促使士大夫對亡國做出反省，空談誤國固然是士大夫反省的面向之一，明亡之後，士大夫將亡國之罪歸於王學末流，即便清初士大夫對明末學界有深刻的反省甚至是批判，卻在許多層面上繼承了明代文化精神。筆者透過「藥」、「病」隱喻進行話語分析，討論明中葉以至明亡前後包含宗教、思想、文學等文化變遷的面向。

明代文學流派欲自立學說時，常以「病」爲喻勘破舊說之漏，以「藥」爲喻建立學說的正當性，從前後七子的復古派到代表創新的公安派、竟陵派等無不如此。前後七子的文學復古運動已對台閣體、八股文提出針砭，他們重視文學的情感特質。明末李卓吾、湯顯祖、袁宏道等人的醫病隱喻則爲理障、法執者開出了藥方。錢謙益則企圖以藥病爲喻建立一個治療社會病態的經世價值觀。

儒、釋、道三家皆有以藥、病爲喻闡述論點之淵源，明中葉以後三教間既融合又競爭，學者如何以藥、病爲喻詮釋自家學說觀點，並如何援引三教之學說，爲筆者研究的重點。明末士人眼見國家積病欲醫國，其震聾發聵積極的啓蒙意義及迫切的經世願望，從錢謙益「醫國手」之喻可見出。錢謙益眼中的佛門病象有：盲、聾、喑、啞、狂病、魔病；文學界的病症則是：弱病、狂病、魔病、鬼病、不讀書之病，錢謙益諸多語境中皆以藥病爲喻，試圖治療社會病態。

錢謙益試圖以醫國手之姿爲清初文壇與佛教確立正統，錢謙益在詩作、文學理論、雜著中常以醫病爲隱喻闡釋學問，其範圍包含：理學、政治、經典、文學、佛學、史學等領域，錢謙益的論述方式是略帶霸氣的。錢謙益認爲歷史本身就是一部病歷、病史，同時也是藥方子，錢謙益則認爲元氣是與生俱有的，忠臣孝子如的元氣會帶動國家運勢。氣盛，則國家之元氣日益堅固，惟忠義之士是國家元氣，也是醫國之藥方。

明亡之際，「藥」、「病」之喻的出現極爲頻繁，應與士人面對巨變有關，因此本論文以「藥」、「病」爲喻的精神史爲問題意識，並以錢謙益爲主軸，討論明清之際的文化氛圍，解釋從泰州學派到明末清初集學問之大成者——錢謙益的「藥」、「病」之喻的傳承與新變，錢謙益將國家視爲身體，失序的身體猶如積弱不振的國家，除了自期之外，錢謙益亦勉勵友人以「醫國」自期。錢謙益於明清之際有重整儒學、佛學、道家之學之企圖心，在思想、文學、宗教中常以「醫」、「病」爲隱喻，指涉社會亂象，自詡爲醫王，企圖挽救當時社會的積弊，本文所欲討論的範圍包含其思想及文學方面。

二、餘論——毒的世界觀

方以智與錢謙益同樣面對所謂「天崩地解」的明亡之際，方以智的「因病發藥」其方式是柔和的，他不排斥任何一宗一派，方以智調和儒、釋、道以及儒、釋、道之中的所有宗派甚至西方學說，方氏自期調合各家學說之後再因病給藥。

王陽明能「因病發藥」的醫王形象確立後，明末李卓吾、湯顯祖、袁宏道等人的醫病隱喻爲理障、法執者開出了藥方。而明清之際錢謙益則試圖以醫國手之姿爲清初文壇與佛教確立正統，錢謙益在詩作、文學理論、雜著中常以醫病爲隱喻闡釋學問，其範圍包含：理學、政治、經典、文學、佛學、史學等領域，錢謙益的論述方式是略帶霸氣的。方以智與錢謙益同樣面對所謂「天崩地解」的明亡之際，方以智的「因病發藥」其方式是柔和的，他不排斥任何一宗一派，方以智調和儒、釋、道以及儒、釋、道之中的所有宗派甚至西方學說，方氏自期調合各家學說之後再因病給藥。

明末士人眼見國家積病而欲醫國，頗具震聾發聵積極的啓蒙意義，錢謙益曾會見覺浪禪師（1592～1659）並得其《與吾友梅長公問答》一文，錢謙益並將此文記於〈贈覺浪和尚序〉中，覺浪禪師認爲明亡爲天地痛下毒手的結果，和尚曰：「不下毒手，則天地不仁，造物無功，而天地之心亦幾乎息矣。」〔註1〕覺浪禪師視此際之爲鍛鍊心智之絕佳時刻，覺浪禪師說：

> 今人動以生不逢時、權不在我爲恨，試問你天當生箇甚麼時處你纔好？天當付箇甚麼權與你纔好？我道恨時恨權之人，皆是不知自心之人，故有悖天自負之恨。又安知生生死死、升升沉沉，皆是自己業力哉！你不知自心業力強弱，不看自己種性福德、智慧才力、學行造詣，機緣還得中正也無？卻乃恨世恨時恨人恨事，且道天生你在世間，所作何事？分明分付許多好題目與你做，你沒本事，自不能做。如世間庸醫，不恨自己學醫不精，卻恨世人生得病不好。天

〔註1〕錢謙益：〈贈覺浪和尚序〉，收入錢謙益著，錢曾箋注，錢仲聯標校：《錢牧齋全集》，冊5，牧齋有學集，卷22，頁909。

當生箇甚麼好病獨留與你醫？成你之功？佛祖聖賢，將許多好脈訣、好藥性、好良方、好製法留下與你，你自心粗，不能審病診脈，量藥裁方，卻怪病不好治，豈神聖工巧之醫哉！你不能醫，則當反諸己，精讀此書，深造此道，則自然神化也。果能以誠仁信義，勉強力行，向上未有不造到聖賢佛祖地位，向下未有不造到英雄豪傑地位。今人果知有此，則自不敢恨生不逢時、權不在我，自爲暴棄之人也。〔註2〕

覺浪禪師將佛、聖賢喻爲爲良醫，亂世是鍛鍊良醫、聖賢的時機，勉人勿自恨生不逢時，覺浪道盛的弟子——方以智便以成爲醫王自期，明亡之際，錢謙益選擇降清，方以智選擇逃禪，據陳寅恪《柳如是別傳》中所言此二人即可能共同策劃「反清復明」運動，陳寅恪說：錢謙益作於順治十四年（1657）的〈和普照寺純水僧房壁間詩韻邀無可幼光二道人同作〉詩之中的「無可即方以智，幼光即錢澄之，……方錢二人皆明室遺臣託跡方外者，此時俱在金陵，頗疑與鄭延平率舟師攻南都之計劃不能無關。牧齋共此二人作政治活動，自是意中事也。」〔註3〕在學術語言方面，錢謙益與方以智都常以藥、病爲隱語。

方以智晚年著作《東西均》、《藥地炮莊》內容難解，其因在於遺民以隱語表明心志，余英時說：「考證遺民事跡者非破解隱語不爲功。此文爲詮釋學中一特殊法門，西方亦有之，即所謂『譯解暗碼』（decoding）也。」〔註4〕《東西均》、《藥地炮莊》之中的藥、病、毒等語亦可視爲暗碼。

劉浩洋曾探討方以智《東西均》之苦心善世的權救，並指出其「藥」的思想內容，就「治病」方面而言，可以分成四個理論層次來談：一、「病亦是藥」。二、「知病知藥」。三、「藥病代錯」。四、「以藥治藥」。劉浩洋指出：「就在這『病亦是藥』——『知病知藥』——『藥病代錯』——『以藥治藥』的理路循環中，方以智的『應病予藥』說乃自成一種圓融周延的救世理論。」〔註5〕徐聖心則針對方以智的「應病予藥」之說指出：

〔註2〕錢謙益：〈贈覺浪和尚序〉，收入錢謙益著，錢曾箋注，錢仲聯標校：《錢牧齋全集》，冊5，牧齋有學集，卷22，頁909～910。

〔註3〕陳寅恪：《柳如是別傳》（上海：上海古籍出版社，1980年），頁1175～1176。

〔註4〕余英時：《方以智晚節考》（臺北：允晨文化出版社，1986年），〈增訂版自序〉，頁5。

〔註5〕參劉浩洋：《從明清之際的青原學風論方以智晚年思想中的遺民心志》（臺北：政治大學中國文學研究所博士論文，2004年），頁312～318。

> 方氏所建構之「應病予藥」體系，規模弘大，包涵以下諸義：(1) 世間諸學問皆可以爲藥……；(2) 但藥病說並無絕對的優位性。藥不純是藥，不善用則藥亦成病；(3) 是則在「藥病或應病予藥」之上應有更高原則以統攝與運使，則醫當自反其爲醫，用藥亦當自反其用藥，而恆居於自視分位元與操作模式之上，恆處於自覺反省之活動；(4) 因眾生病機不同，根器迥異，故無一學問、無一方劑乃可萬應無違，更需在交互主體性的關係中，才能使眾生得治；(5) 據以上諸義，則各端實踐的可能性背後，需預設著學問的集大成，而後方能成就應病予藥。(6) 肯定「時中」與「學」，乃能藥藥病或遠離藥病之一般模式，而其宗主正在孔子。〔註 6〕

綜而言之，方以智欲統理儒、釋、道三家及世間、出世間諸法，以藥、病爲喻，作出「應病予藥」的結論，加之身處明清異代之際，方以智自身的「逃禪」身份使其對儒、釋、道之融合、對自我身份的詮解有更迫切之需要。身披緇衣的方以智指出，莊子是堯、舜、周、孔之繼承者，地位等同孟子，而孟子是顯，莊子則是密，孟子莊嚴，莊子荒誕，孟子易懂，莊子難解，〔註 7〕在方以智的詮解中，莊子繼承儒家道統，以呵佛罵祖之方式揚古道，《炮莊》引石谿之說云：「莊子於是呵佛罵祖，抑揚此道，良工苦心。」〔註 8〕明亡之際，方以智繼承其師天界老人——覺浪道盛禪師（1592～1659）的「托孤說」表達身爲遺民的意志，〔註 9〕並進行復明運動，方以智的莊子

〔註 6〕徐聖心：〈王夫之《論語》詮釋之「應病予藥」喻辯——兼與方以智藥病說之比較〉，刊於《臺大中文學報》，第 29 期，2008 年 12 月，頁 205～206。

〔註 7〕《藥地炮莊》〈炮莊序〉云：「自天界老人發托孤之論，藥地又舉而炮之，而莊生乃爲堯舜周孔之嫡子矣。其與孟子同功，而不與孟子同報者，孟子以正，莊子以反，孟子以嚴，莊生以誕。嚴與正者，其心易見；而反與誕者，其旨難知也。此莊氏之書所以萬古獨稱渾沌者乎！」餘颺：〈炮莊序〉收入方以智：《藥地炮莊》（台京：華夏出版社，2011 年），頁 5。

〔註 8〕《藥地炮莊》〈總論中〉眉批引用石谿《莊會》語，曰：「天道常無，人道常有。三皇五帝相傳，不立文字，謂之道統。後王則尚霸矣。春秋時得孔子續之，以人道合天道，定《六經》禮樂爲萬世則。下世人心益變，即《六經》禮樂，亦虛爲塵腐矣。莊子於是呵佛罵祖，抑揚此道，良工苦心。」《藥地炮莊》，〈總論中〉，頁 53。

〔註 9〕宋健指出：「明末僧侶覺浪道盛著有《莊子提正》一書，認爲莊子雖然詆訾堯孔，卻實以『正打旁敲』的方式矯正儒家弊端。其著書立說也意在輔助六經，以闡發『慎獨』、『致中和』之旨。道盛甚至提出，莊子的眞實身份乃是儒家孤脈的傳承者，他不得已寄身於道家，意在通過曲線救國的方式來傳承和光

爲儒家繼承者的論點，隱喻其自身處境，身爲方外人士，但不忘儒者本懷。

方以智深奧難懂的論述語言是遺民的隱語，他所要醫治的對象包括學界、教界，其讀者亦有特定的對象，方以智說：

> 宋末有智緣，以僧行醫，嘗曰：世法今成《局方》矣。《莊子》，猶麻黃湯也。別傳，承氣湯也。所謂空藥醫世病，妙藥醫空病者，岐伯用毒藥，衰其半而止，調其飲食而已矣，此《中庸》所以歎知味也。〔註 10〕

執著世俗功名利祿者，所需的藥是佛家的空藥；一味遁世亦是空病，需妙藥醫治。方以智以集大成、貫通醫理自任。方以智義理上的藥病隱喻與他實際的醫學理論相仿，蔣國保指出：

> 方以智在藥學方面的成就，概括起來，主要有這麼幾點：首先強調要識藥性，指出不識藥性，「又安所講君臣炮製。」製藥須識藥性，用藥治病也當對藥性瞭如指掌。他因此提出「因其性而用之」的用藥原則，既主張根據藥性相剋相制的特性，辨證用藥，又主張根據藥物同是「一物而性理相反」的特性，靈活用藥。方以智指出，如果對藥性有了正確的認識，就能「反因約類，盡變不難」，做到靠普通的藥材達到治病的奇效，並不一定以名貴藥材爲良方。」〔註 11〕

其善用藥性生剋原理以達療效。方以智指出大宗師能應病給藥，窮通天人之道，他說：「大宗師應病予藥，神在知症。知症神於知故。」〔註 12〕方以智以僧人的形象，提出以儒爲主統攝釋、道的學說。文德翼於《藥地炮莊》序言指出：大道多歧，而方以智是醫者的導師，他說：

> 昔醫王遣二童子視地，一見遍地無是藥者，一見遍地無非藥者。餘遇必呵，皆邊見也。……三古以來，道德仁義、禮樂刑政之說，蘊毒於人心深矣，莊子以冷語冰之。千載而下，藥地大師又以熱心炮

大儒家宗脈，此即所謂的『莊子托孤』說。身爲江南明遺民的『導師』，道盛提出『莊子托孤』說，其實暗含著明遺民存孤救亡的志向，也因此在遺民中引發極大反響。」

宋健：〈論覺浪道盛的「莊子托孤」說〉，刊於《湖北大學學報哲學社會科學版》，第 36 卷第 4 期，頁 74～78。

〔註 10〕方以智：《藥地炮莊》，總論中，頁 48。

〔註 11〕蔣國保：〈方以智與桐城方氏學派〉，刊於《中華文化月刊》，第 280 期，頁 74。

〔註 12〕方以智：《藥地炮莊》，卷三，〈大宗師第六〉，頁 197。

之。……古人之病病道少，今人之病病道多也，須炮卻始得。蓋醫能醫病，藥地能醫醫，是曰醫王。」〔註13〕

方以智之所以能被稱爲大醫王，其前提在於以智慧融合儒、釋、道三家思想及佛門各家學說來炮藥，能如是炮藥者方能「因病給藥」。方以智破除儒、釋、道名相，融通儒、釋、道而因病與藥，方以智說：「然而人心下流，執平言平，何能平乎？治制折中情理而教人取法乎上，僅乃得中。但言中行，鄉願難免。思得狂狷，文以禮樂，放眼看來，皆病皆藥，只在知症予方而已。」〔註14〕「異端」、「鄉愿」、「狂狷」是病亦是藥，端看醫者是否能「知症予方」、「因病予藥」。方以智以莊子爲儒家正統，自己則是身披僧服的儒家繼承者，方以智何嘗不是異端，因此方以智以異端爲藥之說，正可視爲一種自期。

方以智炮藥世之志與錢謙益同，雖立論方式迥異，明清之際迫切的經世願望，從錢謙益「醫國手」之喻或方以智的「因病給藥」之說可以見出。

〔註13〕文德翼撰：〈補堂炮莊序〉，收入方以智：《藥地炮莊》，頁4。戒顯《藥地炮莊》序也指出：「三家聖人，皆大醫王也。不惟諳病，亦善炮藥。……炮儒者莊也，炮教者宗也。茲帙雖曰《炮莊》，實兼三教五宗而大炮之也。」戒顯：〈炮莊序〉，收入：《藥地炮莊》，頁8。

〔註14〕方以智：《藥地炮莊》，卷八，〈讓王第二十八〉，頁432。

參考文獻

一、古籍

（一）錢謙益專書

1. 錢謙益著：《錢牧齋全集》，第一冊，《牧齋初學集》，上冊，上海：上海古籍出版社，2003 年。
2. 錢謙益著：《錢牧齋全集》，第二冊，《牧齋初學集》，中冊，上海：上海古籍出版社，2003 年。
3. 錢謙益著：《錢牧齋全集》，第三冊，《牧齋初學集》，下冊，上海：上海古籍出版社，2003 年。
4. 錢謙益著：《錢牧齋全集》，第四冊，《牧齋有學集》，上冊，上海：上海古籍出版社，2003 年。
5. 錢謙益著：《錢牧齋全集》，第五冊，《牧齋有學集》，中冊，上海：上海古籍出版社，2003 年。
6. 錢謙益著：《錢牧齋全集》，第六冊，《牧齋有學集》，下冊，上海：上海古籍出版社，2003 年。
7. 錢謙益著：《錢牧齋全集》，第七冊，《牧齋雜著》，上冊，上海：上海古籍出版社，2003 年。
8. 錢謙益著：《錢牧齋全集》，第八冊，《牧齋雜著》，下冊，上海：上海古籍出版社，2003 年。
9. 錢謙益著，許逸民等編：《列朝詩集》，第一～十二冊，北京：中華書局，2007 年。
10. 錢謙益著：《列朝詩集小傳》，上、下冊，上海：上海古籍出版社，2008 年。

（二）其他古籍

1. 朱守亮著：《詩經評釋》，台北：台灣學生書局，1984 年。
2. 老子著，饒尚寬譯注：《老子》，北京：中華書局，2006 年。
3. 吳毓江撰，孫啓治點校：《墨子校注》，北京：中華書局出版社，1993 年。
4. 呂不韋著，陳奇猷校釋：《呂氏春秋新校釋》，上海：上海古籍出版社，2002 年。
5. 王叔岷校注：《莊子校詮》，台北：中央研究院歷史語言研究所，1988 年。
6. 韓非子校注組：《韓非子校注》，江蘇：人民出版社，1982 年。
7. 張志聰隱菴集註：《黃帝內經素問集註》，上海：上海科學科技出版社，1990 年。
8. 班固撰，顏師古注：《漢書》，北京：中華書局，1962 年。
9. 王符著，汪繼培箋：《潛夫論箋校正》，北京：中華書局，1997 年。
10. 何晏注，邢昺疏，李學勤主編：《十三經注疏》，台北：台灣古籍出版有限公司，2001 年。
11. 釋僧佑著：《弘明集》，台北：新興書局，1960 年。
12. 歐陽脩：《新唐書》，北京：中華書局，1975 年。
13. 劉基撰，魏建猷、蕭善薌點校：《郁離子》，上海：上海古籍出版社。
14. 方孝孺著，徐光大校點：《遜志齋集》，浙江：寧波出版社，2000 年。
15. 吳光、錢明等編校，王守仁撰：《王陽明全集》，上海：上海古籍出版社，1992 年。
16. 王陽明著，陳榮捷詳註集評：《王陽明傳習錄詳註集評》，台北：學生書局，1998 年。
17. 王畿：《王龍溪全集》，台北：華文書局影印清刻本。
18. 方祖猷、梁一群、李慶龍等編校：《羅汝芳集（上）》，南京：鳳凰出版社，2007 年。
19. 方祖猷、梁一群、李慶龍等編校：《羅汝芳集（下）》，南京：鳳凰出版社，2007 年。
20. 錢明編校：《徐愛、錢德洪、董澐集》，南京：鳳凰出版社，2007 年。
21. 陳祝生等點校，王艮撰：《王心齋全集》，南京：江蘇教育出版社，2001 年。
22. 王世貞著，羅仲鼎校注：《藝苑卮言》，山東：齊魯出版社，1992 年。
23. 鄧豁渠著，鄧紅校注：《《南詢錄》校注》，湖北：武漢理工大學出版社，2008 年。

24. 李贄撰，張建業主編：《李贄文集》，北京：社會科學文獻出版社，2000年。
25. 雲棲袾宏著，蔡運辰贅言：《竹窗隨筆贅言》，台北：新文豐，1979年。
26. 繆仲淳著，褚玄仁、李順保校訂編輯：《增訂先醒齋醫學廣筆記》，北京：學苑出版社，2011年。
27. 袁宏道：《珊瑚林》，北京圖書館藏明清響齋刻本，收入續修四庫全書編纂委員會編，《續修四庫全書》，上海：上海古籍出版社，1995年。
28. 袁宏道著，錢伯城箋校：《袁宏道集箋校》，上海：上海古籍出版社，1981年。
29. 鍾惺：《史懷》，台北：藝文印書館印行，1969年。
30. 湯顯祖著：《玉茗堂尺牘》，上海：上海遠東出版社出版發行，1996年。
31. 湯顯祖原著，徐朔方、楊笑梅校注：《牡丹亭》，台北：里仁書局，1995年。
32. 湯顯祖：《湯顯祖全集》，北京：北京古籍出版社，1999年。
33. 湯顯祖原著，王安庭評注：《南柯記評注》，長春：吉林人民出版社，2001年。
34. 湯顯祖原著，曲家源評注：《紫簫記評注》，長春：吉林人民出版社，2001年。
35. 湯顯祖原著，李曉評注：《邯鄲記評注》，長春：吉林人民出版社，2001年。
36. 陶望齡：《歇菴集》，收入《續修四庫全書》，上海：上海古籍出版社，2002年。
37. 顧憲成：《顧端文公遺書三十七卷附年譜四卷》，收入《四庫全書存目叢書》，台南：莊嚴文化事業有限公司，1995年。
38. 葉紹袁編：《午夢堂集》，北京：中華書局，1998年。
39. 喻嘉言著，丁侃校注：《醫門法律》，北京：中國醫藥科技出版社，2011年。
40. 喻嘉言著：《喻意草》，北京：中國醫藥科技出版社，2011。
41. 張岱：《琅嬛文集》，長沙：岳麓書社，1985年。
42. 方以智：《藥地炮莊》，北京：華夏出版社，2011年。
43. 方以智：《青原志略》，北京：華夏出版社，2012年。
44. 劉貫文等編：《傅山全書》，太原：山西人民出版社，1991年。
45. 黃宗羲撰，伍崇曜校刊，嚴一萍選輯：《南雷詩歷》，台北：藝文印書館印行，1965年。

46. 黃宗羲：《南雷詩文集》，《黃宗羲全集》，杭州：浙江古籍出版社，1993年。
47. 顧炎武著，黃汝成集釋：《日知錄集釋》，上海：上海古籍出版社，2006年。
48. 董說：《豐草菴（庵）前集》，收入四庫禁燬書叢刊編纂委員會編：《四庫禁燬書叢刊》，北京：北京出版社，2000年。
49. 張廷玉等撰：《明史》，台北：台灣商務印書館股份有限公司，1937年。
50. 中華書局編：《清史列傳》，台北：台灣中華書局，1962年。
51. 朱彝尊著，姚祖恩編，黃君坦校點：《靜志居詩話》，北京：人民文學出版社，1990年。
52. 紀昀等：《四庫全書總目》，台北：藝文印書館，1989年。
53. 沈善寶：《名媛詩話》，收入《續修四庫全書》，據中山大學圖書館藏清光緒鴻雪樓刻本影印。
54. 中華電子佛典協會：《雜阿含經》，《大正新脩大藏經》，第二冊。
55. 中華電子佛典協會：《維摩詰所説經》，《大正新脩大藏經》，第十四冊。
56. 中華電子佛典協會：《大方廣佛華嚴經》，《大正新脩大藏經》，第十冊。
57. 中華電子佛典協會：《寶雲經》，《大正藏》第十六冊。
58. 佛光大藏經編修委員會主編：《六祖大師法寶壇經》，高雄：佛光出版社，1994年。
59. 佛光大藏經編修委員會主編：《景德傳燈錄》，高雄：佛光出版社，1994年。
60. 慈怡：《佛光大辭典》，台北：佛光文化事業有限公司，1988年。

二、專著

1. 丁功誼：《錢謙益文學思想研究》，上海：上海世紀出版股份有限公司、上海古籍出版社，2006年。
2. 王汎森：《晚明清初思想十論》，上海：復旦大學出版社，2008年。
3. 王汎森：《權力的毛細管作用：清代的思想、學術與心態》，台北：聯經出版事業股份有限公司，2013年。
4. 王瓊玲主編：《明清文學與思想中之主體意識與社會——文學篇》，台北：中央研究院中國文哲研究所，2004年。
5. 毛文芳：《物・性別・觀看——明末清初文化書寫新探》，台北：學生書局，2001年。
6. 中央大學共同學科主編：《明清之際中國文化的轉變與延續研討會論文集》，台北：文史哲出版社，1991年。

7. 方詩銘：《中國歷史紀年表（修訂本）》，上海：上海人民出版社，2007年。
8. 牟宗三：《從陸象山到劉蕺山》，台北：學生書局，1969年。
9. 牟宗三：《中國哲學十九講》，台北：學生書局，1983年。
10. 牟宗三：《人文講習錄》，台北：台灣學生書局，1996年。
11. 任道斌：《方以智年譜》，合肥：安徽教育出版社，1983年。
12. 朱全國：《文學隱喻研究》，北京：中國社會科學出版社，2011年。
13. 朱則杰：《清詩史》，南京：江蘇古籍出版社，1992年。
14. 朱易安：《中國詩學史：明代卷》，廈門：鷺江出版社，2002年。
15. 吉川忠夫著，王啓發譯：《六朝精神史研究》，南京：江蘇人民出版社，2011年。
16. 宇文所安著，陳引馳、陳磊譯：《中國「中世紀」的終結》，北京：三聯書店，2006年。
17. 余英時：《方以智晚節考》，台北：允晨文化公司，1986年。
18. 余英時：《方以智晚節考（增訂本）》，北京：三聯書店，2012年。
19. 吳震：《明末清初勸善運動思想研究》，台北：國立台灣大學出版中心，2009年。
20. 吳震：《泰州學派研究》，北京：中國人民大學出版社，2009年。
21. 李豐楙、廖肇亨主編：《沉淪、懺悔與救度：中國文化的懺悔書寫論集》，台北：中央研究院中國文哲研究所，2013年。
22. 李貞德主編：《中國史新論：性別史分冊》，台北：中央研究院、聯經出版事業股份有限公司，2009年。
23. 李瑄：《明遺民群體心態與文學思想研究》，成都：巴蜀書社，2008年。
24. 弗萊（Northrop Frye）著，吳持哲譯：《諾思洛普・弗萊文論選集》，北京：中國社科出版社，1997年。
25. 何冠彪：《明末清初學術思想研究》，台北：台灣學生書局，1991年。
26. 何冠彪：《生與死：明季士大夫的抉擇》，台北：聯經出版公司，1997年。
27. 何俊：《西學與晚明思想的裂變》，上海：上海人民出版社，1998年。
28. 吳燕娜編：《中國婦女與文學論集》，台北：稻鄉出版社，2001年。
29. 狄百瑞（William Theodore deBary）著，李弘祺譯：《中國的自由傳統》，香港：中文大學出版社，1983年。
30. 邢益海編：《冬煉三時傳舊火——港台學人論方以智》，北京：華夏出版社，2012年。

31. 林賢治：《五四之魂——中國知識分子精神史》，廣西：灕江出版社，2012年。
32. 南炳文、何孝榮：《明代文化研究》，北京：人民出版社，2006年。
33. 胡文楷：《歷代婦女著作考》，台北：鼎文書局，1973。
34. 周法高：《錢牧齋吳梅村研究論文集》，台北：國立編譯館，1995年。
35. 徐朔方、孫秋克：《明代文學史》，杭州：浙江大學出版社，2006年。
36. 荒木見悟：《憂國烈火禪——禪僧覺浪道盛　　　　》，東京：研文出版，2000年。
37. 荒木見悟著，廖肇亨譯：《明末清初的思想與佛教》，台北：聯經出版事業股份有限公司，2006年。
38. 范景中、周書田編纂：《柳如是事輯》，杭州：中國美術學院出版社，2002年。
39. 范家偉：《中古時期的醫者與病者》，上海：復旦大學出版社，2010年。
40. 康正果：《風騷與豔情——中國古典詩詞的女性研究》，台北：雲龍出版社，1991年。
41. 馬曉英：《出位之思：明儒顏鈞的民間化思想與實踐》，銀川：寧夏人民出版社，2007年。
42. 曼素恩著，楊雅婷譯：《蘭閨寶錄：晚明至盛清時的中國婦女》，台北：左岸文化出版，2005年。
43. 章培恒、駱玉明主編：《中國文學史》，上海：復旦大學出版社，1996年。
44. 陳立勝：《王陽明「萬物一體」論：從「身——體」的立場看》，台北：台大出版中心，2005年。
45. 陳洪：《中國小說理論史》，天津：天津教育出版社，2005年。
46. 陳寅恪：《柳如是別傳》，上海：上海古籍出版社，1980年；北京：三聯書店，2001年；台北：里仁書局，1981年。
47. 陳東原：《中國婦女生活史》，上海：商務印書館，1937年。
48. 陳永革：《陽明學派與晚明佛教》，北京：中國人民大學出版社，2009年。
49. 陳永革：《近世中國佛教思想史論》，北京：宗教文化出版社，2012年。
50. 陳永發主編：《明清帝國及其近現代轉型》，台北：允晨文化，2011年。
51. 高彥頤著，李志生譯：《閨塾師——明末清初江南的才女文化》，南京：江蘇人民出版社，2005年。
52. 黃俊傑：《東亞儒學：經典與詮釋的辯證》，台北：國立台灣大學出版中心，2007年。
53. 黃惠娟主編：《台灣學術新視野——中國文學之部（二）》，台北：五南圖書出版股份有限公司，2007年。

54. 嵇文甫：《左派王學》，台北：國文天地雜誌社，1990年。
55. 梁其姿著，朱慧穎譯：《麻風：一種疾病的醫療社會史》，北京：商務印書館，2013年。
56. 梁其姿著：《面對疾病——傳統中國社會的醫療觀念與組織》，北京：中國人民大學出版社，2011年。
57. 梁其姿著：《施善與教化：明清的慈善組織》，台北：聯經出版事業股份有限公司，1997年。
58. 梁啓超：《中國近三百年學術史》，北京：東方出版社，1996年。
59. 孫之梅：《錢謙益詩選》，北京：人民文學出版社，2009年。
60. 孫之梅：《錢謙益與明末清初文學（增訂版）》，濟南：山東大學出版社，2010年。
61. 孫康宜著，李奭學譯：《陳子龍柳如是詩詞情緣》，台北：允晨文化公司，1992年。
62. 孫康宜：《文學的聲音》，台北：三民書店股份有限公司，2001年。
63. 孫康宜：《古典與現代的女性闡釋》，台北：聯合文學出版，1998年。
64. 華瑋主編：《湯顯祖與牡丹亭》，台北：中央研究院中國文哲研究所，2005年。
65. 郭紹虞：《中國文學批評史》，台北：五南圖書出版股份有限公司，1994年；天津：百花文藝出版社，2001年。
66. 郭紹虞：《照隅室古典文學論集》，台北：丹青圖書有限公司，1985年。
67. 張永堂：《方以智》，台北：台灣商務印書館，1987年。
68. 張永剛：《東林黨議與晚明文學活動》，北京：中國社會科學出版社，2009年。
69. 張京媛主編：《當代女性主義文學批評》，北京：北京大學出版社，1992年。
70. 張健：《清代詩學研究》，北京：北京大學出版社，1999年。
71. 張維昭：《悖離與回歸——晚明士人美學態度的現代觀照》，南京：鳳凰出版社，2009年。
72. 馮小祿：《明代詩文論爭研究》，昆明：雲南人民出版社，2006年。
73. 楊儒賓：《儒家身體觀》，台北：中央研究院中國文哲研究所，1996年。
74. 趙園：《明清之際士大夫研究》，北京：北京大學出版社，1999年。
75. 趙園：《制度．言論．心態——〈明清之際士大夫研究〉續編》，北京：北京大學出版社，2006年。
76. 趙園：《易堂尋蹤——關於明清之際一個士人群體的敘述》，南昌：江西教育出版社，2001年。

77. 熊秉眞、呂妙芬主編：《禮教與情慾：前近代中國文化中的後／現代性》，台北：中央研究院近代史研究所，1999 年。
78. 鄭毓瑜編：《中國文學研究的新趨向》，台北：台大出版中心，2005 年。
79. 葛萬里編：《清錢牧齋先生謙益年譜》，胡文楷撰：《清錢夫人柳如是年譜》，台北：台灣商務印書館股份有限公司，1981 年。
80. 錢鍾書：《管錐編》，北京：中華書局，1980 年。
81. 錢仲聯主編：《清詩紀事．明遺民卷》，南京：江蘇古籍出版社，1987 年。
82. 錢穆：《中國近三百年學術史》，台北：台灣商務印書館，1995 年。
83. 鍾慧玲：《清代女詩人研究》，台北：里仁書局，2000 年。
84. 斐世俊：《四海宗盟五十年——錢謙益傳》，台北：東方出版社，2001 年。
85. 裴世俊：《錢謙益古文首探》，濟南：齊魯書社，1996 年。
86. 裴世俊：《錢謙益詩歌研究》，銀川，寧夏人民出版社，1991 年。
87. 裴世俊：《錢謙益詩選》，北京，中華書局，2006 年。
88. 榮格（Carl G. Jung）著，馮川．蘇克譯：《心理與文學》，北京：三聯書店，1987 年。
89. 溝口雄三著，陳耀文譯：《中國前近代思想之曲折與展開》，上海：上海人民出版社，1997 年。
90. 蔣寅：《王漁洋與康熙詩壇》，北京：中國社會科學出版社，2001 年。
91. 蔣國保：《方以智哲學思想研究》，合肥：安徽人民出版社，1987 年。
92. 廖可斌主編：《2006 明代文學論集》，杭州：浙江大學出版社，2007 年。
93. 廖肇亨：《中邊．詩禪．夢戲——明末清初佛教文化論述的呈現與開展》，台北：允晨文化出版社，2008 年。
94. 謝正光：《明遺民傳記索引》，上海：上海古籍出版社，1992 年。
95. 謝正光：《清初詩文與士人交遊考》，南京：南京大學出版社，2001 年。
96. 謝明陽著：《明遺民的「怨」「群」詩學精神：從覺浪道盛到方以智、錢澄之》，台北：大安出版社，2004 年。
97. 謝明陽：《明遺民的莊子定位論題》，台北：國立台灣大學出版委員會，2001 年。
98. 羅熾：《方以智評傳》，南京：南京大學出版社，1998 年。
99. 釋聖嚴，關世謙譯：《明末中國佛教之研究》，台北：學生書局，1988 年。
100. 釋聖嚴：《明末佛教研究》，台北：法鼓文化事業股份有限公司，2000 年。
101. 釋見曄：《明末佛教發展之研究——以晚明四大師爲中心》，台北：法鼓文化事業股份有限公司，2007 年。
102. 蘇珊．桑塔格：《疾病的隱喻》，上海：上海譯文出版社，2003 年。

103. 嚴志雄：《錢謙益〈病榻消寒雜咏〉論釋》，台北：中央研究院、聯經出版事業股份有限公司，2012 年。
104. M.H.艾布拉姆斯著：《歐美文學術語辭典》，北京：北京大學出版社，1990 年。
105. Robert Bocock & Kenneth Thompson 編，龔方震、陳耀庭等譯：《宗教與意識形態》，成都：四川人民出版社，1992 年。
106.〔法〕米歇爾・傅柯著，劉北成、楊遠嬰譯：《規訓與懲罰》，北京：三聯書店，1999 年。
107.〔法〕米歇爾・傅柯著，林志明譯：《古典時代瘋狂史》，北京：三聯書店，2005 年。
108.〔法〕米歇爾・傅柯著，劉北成譯：《臨床醫學的誕生》，南京：譯林出版社，2011 年。
109.〔法〕米歇爾・傅柯著，劉北成、楊遠嬰譯：《瘋癲與文明》，北京：三聯書店，2012 年。
110.〔法〕米歇爾・福柯著，莫偉民譯：《詞與物——人文科學考古學》，上海：上海三聯書店，2002 年。
111.〔美〕瑪麗・道格拉斯著，黃劍波等譯：《潔淨與危險》，北京：民族出版社，2008 年。
112.〔美〕羅伯特・漢著，禾木譯：《疾病與治療人類學怎麼看》，上海：東方出版中心，2010 年。

三、期刊論文

（一）中文期刊

1. 王萌：〈明清女性創作群體的地理分布及其成因〉，刊於《中州學刊》，第 6 期，2005 年 11 月。
2. 王婕：〈知人論事具慧眼，清蒼雅正爲旨趣——論清代女詩人汪端以及《明三十家詩選》〉，刊於《蘇州教育學院學報》，第 23 卷第 1 期，2006 年 3 月。
3. 王琳、孫之梅：〈《列朝詩集》述要〉，《山東師大學報》（社會科學版）1995 年第 5 期。
4. 王則遠、房克山：〈錢謙益詩論初探〉，《廣播電視大學學報》（哲學社會科學版）1999 年第 2 期。
5. 王俊義：〈論錢謙益對明末清初學術演變的推動、影響及其評價〉，《中國社會科學院研究生院學報》1996 年第 2 期。

6. 王俊義：〈錢謙益與明末清初學術演變〉，見林慶彰、蔣秋華主編：《明代經學國際研討會論文集》，台北：中央研究院中國文哲研究所籌備處，1996年。
7. 王承丹：〈錢謙益與公安派關係簡論〉，《蘇州大學學報》（哲學社會科學版）1998年第2期。
8. 王鍾翰：〈柳如是與錢謙益降清問題〉，見北京大學中國中古史研究中心編：《紀念陳寅恪先生誕辰百年學術論文集》，北京：北京大學出版社，1989年。
9. 中國文哲研究通訊編輯委員會：《中國文哲研究通訊》，第14卷第2期，2004年6月。
10. 毛文芳：〈晚明「狂禪」探論〉，《漢學研究》，第19卷第2期，2001年12月。
11. 朱則杰：〈錢謙益柳如是叢考〉，《浙江大學學報》（人文社會科學版）第32卷第5期，2002年9月。
12. 朱利華：〈「通人」錢牧齋〉，《江蘇廣播電視大學學報》1995年第3期。
13. 任火：〈論錢謙益性格的文化內涵〉，《河北師範大學學報》（社會科學版）第20卷第3期，1997年7月。
14. 宋健：〈論覺浪道盛的「莊子托孤」說〉，刊於《湖北大學學報哲學社會科學版》，第36卷第4期。
15. 李世英：〈論錢謙益與朱彝尊詩學觀的異同〉，《北方工業大學學報》第8卷第2期，1996年6月。
16. 岑溢成：〈王心齋安身論今註〉，《鵝湖學誌》，第十四期，1995年。
17. 呂妙芬：〈陽明學者的講會與友論〉，《漢學研究》第十七卷第1期，1999年6月。
18. 汪榮祖：〈錢牧齋的史筆〉，《中國文哲研究通訊》第14卷第2期，2004年6月。
19. 杜若：〈錢牧齋和柳如是〉，《自由談》第30卷第2期，1979年2月。
20. 杜若：〈貳臣錢牧齋〉，《台肥月刊》第19卷第6期，1978年6月。
21. 汪玨：〈罕見的錢謙益遺著及其他清季善本詩文集〉，《國立中央圖書館館刊》第25卷第2期，1992年2月。
22. 李紀祥：〈亡國哀歌：錢謙益〉，《史學通訊》第27期，1992年。
23. 李慶：〈錢謙益：明末士大夫心態的典型〉，《復旦學報》（社會科學版）1989年第1期。
24. 周伯戡：〈慧遠「沙門不敬王者論」的理論基礎〉，《國立台灣大學歷史學系學報》，第9期，1982年，12月。

25. 胡幼峰：〈王士禎詩觀「三變」與錢謙益的關係〉，《輔仁國文學報》第10期，1994年4月。
26. 胡幼峰：〈錢謙益的「弇州晚年定論」說質疑〉，《中外文學》第21卷第1期，1992年6月。
27. 徐聖心：〈王夫之《論語》詮釋之「應病予藥」喻辨——兼與方以智藥病說之比較〉，《台大中文學報》，第29期，2008年12月。
28. 孫之梅：〈靈心、世運、學問——錢謙益的詩學綱領〉，《山東大學學報》（哲學社會科學版）1996年第2期。
29. 孫之梅、王琳：〈錢謙益的佛學思想〉，《佛學研究》，1996年。
30. 孫之梅：〈鬼趣兵象——錢謙益論竟陵派〉，《內蒙古師大學報》（哲學社會科學版）1997年第1期。
31. 孫之梅：〈錢謙益的「香觀」「望氣」說〉，《中國韻文學刊》1994年第1期。
32. 孫康宜：〈明清女詩人選集及策略〉，刊於《中外文學》，第23卷第2期，1994年7月。
33. 陳洪：〈錢謙益與金聖嘆「仙壇倡和」透視〉，《南開學報》1993年第6期。
34. 荒木見悟著，廖肇亨譯：〈鄧豁渠的出現及其背景〉，《大陸雜誌》，1997年，第97卷第4期。
35. 荒木見悟：〈覺浪道盛研究序說〉，《集刊東洋學》第35期，1976。
36. 荒木見悟著，廖肇亨譯：〈覺浪道盛初探〉，《中國文哲研究通訊》第九卷第4期，1999年12月。
37. 柳作梅：〈朱鶴齡與錢謙益之交誼及注杜之爭〉，《東海學報》第10卷第1期，1969年1月。
38. 柳作梅：〈王士禛與錢謙益之詩論〉，《書目季刊》第2卷第3期，1968年3月。
39. 柳作梅：〈清代之禁書與牧齋著作（錢牧齋研究叢稿之一）〉，《圖書館學報》（東海大學）第4期，1961年7月。
40. 柳作梅：〈牧齋藏書之研究（錢牧齋研究叢稿之二）〉，《圖書館學報》（東海大學）第5期，1963年8月。
41. 柳作梅：〈錢牧齋新傳〉，《圖書館學報》（東海大學）第2期，1960年7月。
42. 柳作梅：〈「泗水秋風」與「寒燈擁髻」——讀周策縱先生論詩小札而作〉，《大陸雜誌》第44卷第2期，1972年2月。
43. 郝潤華：〈論《錢注杜詩》對清代詩詮釋學的影響〉，《西北成人教育學報》2000年第2期。

44. 郝潤華：〈論《錢注杜詩》的詩史互證方法〉，《首都師範大學學報》（社會科學版）2000 年第 2 期。
45. 郝潤華：〈《錢注杜詩》中的詩史互證與時代學術精神〉，《杜甫研究學刊》2000 年第 1 期。
46. 連瑞枝：〈錢謙益的佛教生涯與理念〉，《中華佛學學報》1994 年第 7 期。
47. 連瑞枝：〈漢月法藏（1573～1635）與晚明三峰宗派的建立〉，《中華佛學學報》1996 年第 9 期。
48. 連文萍：〈詩史可有女性的位置？——以兩部明代詩話爲論述中心〉，刊於《漢學研究》，第 17 卷第 1 期，1999 年 6 月。
49. 陳美朱：〈捉得竟陵訣——鍾惺、譚元春詩作特色析論〉，刊於《高雄師大學報》，第 15 期，頁 401。
50. 翁容：〈靈心·世運·學問——錢謙益詩論小議〉，《漳州師範學院學報》（哲學社會科學版）2002 年第 4 期。
51. 張永貴、黎建軍：〈錢謙益史學思想評述〉，《史學月刊》2000 年第 2 期。
52. 張升：〈論陳名夏與錢謙益之交往〉，《江海學刊》1998 年第 4 期。
53. 張連第：〈錢謙益的詩學理論〉，《聊城師範學院學報》（哲學社會科學版）1998 年第 2 期。
54. 張健：〈錢謙益寄題泰和蕭伯玉春浮園十四詠析論〉，《明道文藝》第 238 期，1996 年 1 月。
55. 裴世俊：〈試析錢謙益的「弇州晚年定論」——兼及錢鍾書對「定論」的評價〉，《山東師範大學學報》（人文社會科學版）第 49 卷第 2 期，2004 年 3 月。
56. 裴世俊：〈清初「江左三大家」降臣詩群探論〉，《蘇州大學學報》（哲學社會科學版）2003 年第 2 期。
57. 裴世俊：〈視野宏通溯源析流——評孫之梅《錢謙益與明末清初文學》〉，《山東社會科學》1997 年第 4 期。
58. 裴世俊：〈錢謙益和經學〉，《蘇州大學學報》（哲學社會科學版）1997 年第 1 期。
59. 裴世俊：〈論黃宗義和錢謙益的關係〉，《寧夏社會科學》1992 年第 3 期。
60. 裴世俊：〈錢謙益主情審美命題及其價值〉，《江海學刊》1991 年第 4 期。
61. 裴世俊：〈清初錢、王「代興」之說爭議〉，《山東師大學報》（社會科學版）1989 年第 3 期。
62. 綦維：〈錢謙益「詩史」觀念與實踐及對注杜的影響〉，《固原師專學報》（社會科學版）第 22 卷第 4 期，2001 年 7 月。

63. 鄔國平：〈錢謙益、朱鶴齡注杜之爭及二人的關係〉，見復旦大學中國古代文學研究中心編：《中國文學研究》第 4 輯，南昌：江西教育出版社，2001 年 2 月。
64. 趙克生：〈錢謙益反復古思想與《明史・文苑傳》〉，《六安師專學報》第 16 卷第 1 期，2000 年 2 月。
65. 趙儷生：〈顧亭林與錢牧齋〉，《晉陽學刊》1987 年第 1 期。
66. 趙永紀：〈論清初詩壇的虞山派〉，《文學遺產》1986 年第 4 期。
67. 鄒紀孟：〈小議錢謙益〉，《書屋》2002 年第 1 期。
68. 鄭世芸：〈論選集在文學批評上的價值——以錢謙益《列朝詩集》與朱彝尊《明詩綜》爲例〉，《受業集》第 2 期，2001 年 8 月。
69. 蔣國保：〈方以智與桐城方氏學派〉，刊於《中華文化月刊》，第 280 期。
70. 錢仲聯、嚴明：〈錢謙益詩中的棋喻〉，《中國文哲研究通訊》第 14 卷第 2 期，2004 年 6 月。
71. 潘冬梅：〈文本・作品・性別——淺議《列朝詩集・閏集》香奩部分的編選與時代〉，刊於《中國文學研究》，第 2 期（2005 年）。
72. 廖肇亨：〈明末清初叢林論詩風尚探析〉《中國文哲研究集刊》第 20 期，2002 年 3 月。
73. 劉天行：〈明末遺民錢澄之的詩歌〉，《昆明師院學報》1980 年第 6 期。
74. 劉振華：〈論錢謙益的「文化遺民」心態〉，《東南文化》2000 年第 11 期。
75. 劉守安、張玉璞：〈論錢謙益對明代文學的評價和總結〉，《學習與探索》1997 年第 3 期。
76. 戴祖銘：〈喻昌與錢謙益〉，《浙江中醫雜誌》2001 年第 3 期。
77. 謝正光：〈錢牧齋之酒緣與仙佛緣〉，《中國文哲研究通訊》，第 14 卷第 2 期，2004 年 6 月。
78. 謝正光：〈探論清初詩文對錢謙益評價之轉變〉，《香港中文大學中國文化研究所學報》第 21 卷，1990 年。
79. 簡恩定：〈錢謙益《讀杜小箋、二箋》評譯〉，《空大人文學報》第 5 期，1996 年 5 月。
80. 羅熾：〈方以智的道家觀〉，《湖北大學學報》哲社版第十八卷第 6 期 1991 年 11 月。
81. 羅時進：〈錢謙益文學觀轉及其批評的意義〉，《寧波大學學報》（人文科學版）第 14 卷第 4 期，2001 年 12 月。
82. 羅時進：〈錢謙益唐宋兼宗的祈向與清代詩風新變〉，《杭州師範學院學報》（人文社會科學版）2001 年第 6 期。

83. 嚴志雄、鄧怡菁編：〈錢謙益文學研究要目〉，《中國文哲研究通訊》，第14卷第2期，2004年6月。
84. 嚴志雄：〈錢謙益攻排竟陵鍾、譚側議〉，《中國文哲研究通訊》，第14卷第2期，2004年6月。
85.【韓】朴璟蘭：〈錢謙益的文學本質論〉，《復旦學報》（社會科學版）2001年第4期。
86.【韓】姜正萬：〈論錢謙益和「東林」的關係〉，《寧夏大學學報》（社會科學版）第16卷第3期，1994年9月。
87.【日】長谷部剛著，李寅生譯：〈簡論《宋本杜工部集》中的幾個問題——附關於《錢注杜詩》和吳若本〉，《杜甫研究學刊》1999年第4期。
88.【日】長谷部剛著，李寅生譯：〈從「連章組詩」的視點看錢謙益對杜甫（秋興八首）的接受與展開〉，《杜甫研究學刊》1999年第2期。
89.【日】吉川幸次郎著，張連第譯：〈錢謙益的文學批評〉，見《社會科學戰線》編輯部編：《古典文學論叢》第3輯，濟南：齊魯書社，1982年。

（二）西文期刊

1. Chaves, Jonathan.「The Yellow Mountain Poems of Ch´ien Ch´ien-i（1582～1664）: Poetry as Yu-chi.」Harvard Journal of Asiatic Studies 48.2（Dec. 1988）: 465～492.
2. Che, K. L.「Not Words But FeelingsCh´ien Ch´en-I（1582～1664）on Poetry.」Tamkang Review 6.1（Apr. 1975）: 55～75.

（三）日文期刊

1. 吉川幸次郎：〈文學批評家　　　錢謙益〉，《中國文學報》第31冊，1980年4月。
2. 長谷部剛：(「宋本杜工部集」　　　諸問題——附「錢注杜詩」　吳若本　　　，《中國詩文論叢》第16號，1997年10月。
3. 長谷部剛：(杜詩解釋　多義性　　　　一考察——錢謙益　朱鶴齡「注杜　爭　」　中心　　　)，《早稻田大學大學院文學研究科紀要．第2分冊》第43號，1997年2月。
4. 長谷部剛：(杜詩箋注　　　謙益　著述態度——杜甫　錢謙益　　結　　)，《中國詩文論叢》第14集，1995年10月。
5. 野村魚占子：(錢謙益　歸有光評價　　　諸問題)，《日本中國學會報》第44集，1992年10月。
6. 橫田輝俊：〈錢謙益　文學理論〉，《廣島大學文學部紀要》第39卷，1979年12月。

7. 羅時進：（虞山詩流派研究——以流派規模及其形成原因爲中心的探詩），《花園大學文學部研究紀要》第 32 號，2000 年。
8. 藤井良雄：（歸莊　文學思想——錢謙益　　　師承　　　　），《文學研究》第 78 輯，1981 年 2 月。

四、學位論文

（一）中文學位論文

1. 李素娓：《方以智「藥地炮莊」中的儒道思想研究》，台北：台灣大學中文研究所碩士論文，1978 年。
2. 李艷梅：《《三國演義》與《紅樓夢》的性別文化初探：以男義女情爲核心的考察》。台北：輔仁大學中國文學研究所博士論文，2002 年。
3. 范宜如：《錢牧齋詩學觀念之反省：以《列朝詩集小傳》爲探究中心》，台北：台灣師範大學國文研究所碩士論文，1993 年。
4. 胡幼峰：《錢、馮主導的虞山派詩論研究》，台北：東吳大學中文研究所博士論文，1991 年。
5. 連瑞枝：《錢謙益與明末清初的佛教》，新竹：清華大學歷史研究所碩士論文，1993 年。
6. 許蔓玲：《錢謙億《列朝詩集》文學史觀研究》，台北：淡江大學中文研究所碩士論文，2004 年。
7. 陳孟君：《李卓吾《四書評》與晚明新四書學》。南投：國立暨南國際大學中國語文學系碩士論文，2004 年。
8. 楊晉龍：《錢謙益史學研究》，高雄：高雄師範學院國文研究所碩士論文，1989 年。
9. 劉福田：《錢曾《牧齋詩註》之史實考察》，台中：東海大學中文研究所博士論文，2001 年。
10. 劉浩洋：《方以智「東西均」思想研究》，台北：政治大學中國文學系碩士論文，1997。
11. 劉浩洋：《從明清之際的青原學風論方以智晚年思想中的遺民心志》，台北：政治大學中國文學研究所博士論文，2004 年。
12. 廖美玉：《錢牧齋及其文學》，台北：台灣大學中文研究所博士論文，1983 年。
13. 簡秀娟：《錢謙益藏書研究》，台北：台灣大學圖書資訊研究所碩士論文，1989 年。後由台北漢美出版社 1991 年出版。
14. 〔韓〕李丙鎬：《錢謙益文學評論研究》，台北：台灣大學中文研究所碩士論文，1981 年。

（二）西洋學位論文

1. Yim, Chi-hung:「The Poetics of Historical Memory in the Ming-Qing Transition: A Study of Qian Qianyi´s（1582～1664）Later Poetry.」Ph.D.dissertation, Yale University, 1998.

五、其他

1. 楊玉成：〈閱讀邊緣：晚明竟陵派的文學閱讀〉，2003 年 9 月 19 日，中央研究院文哲所專題演講講稿。
2. 楊玉成：〈病人絮語：晚明張大復的疾病與書寫〉，發表於中研院文哲所主辦，「2011 明清研究前瞻」國際學術研討會，2011 年 11 月 24 日。
3. 楊玉成：〈纂就散絲盈絡緯：王端淑《名媛詩緯》的文學視域〉，成大中文系主辦，中國文學系紀念蘇雪林教授暨創立五十週年學術研討會，台南：成功大學，2006 年 11 月。
4. 楊儒賓：〈托孤與神遊——明末莊子學的思想史意義〉，「明清文學與思想中主體意識與社會」學術研究會，台北：中央研究院中國文哲研究所，2002 年 10 月。